Doppel-Klick

Das Sprach- und Lesebuch

5

Erarbeitet von
Margret Angel, Marion Böhme, Dorothee Braun,
Amelie Erdnüss, Martina König, Siegfried Wengert

Unter Beratung von
Benjamin Schmidt

Cornelsen

Die Themen

Jugendbücher kennen lernen
– Covern und Klappentexten Informationen entnehmen
– Jugendbuchauszüge lesen und untersuchen
– eine Lesemappe anlegen
– bewerten, beurteilen, Stellung beziehen

ein Jugendbuch vorstellen

Adjektive vor Nomen

Informationsquellen gezielt nutzen

Medien und Gattungen

Medien verstehen und nutzen
– Medien untersuchen, vergleichen
– Medien gezielt nutzen
– Medien kreativ nutzen

Funktionsweise eines Mediums erfassen: Der Computer

Literarische Texte erschließen
– literarische Texte lesen und verstehen
– Geschichten weitererzählen, nacherzählen

Nachschlagen und üben

Rechtschreiben

Grammatik

Zum Nachschlagen

Los geht's! Let's go! Haydi

Wer bin ich?

Wer bist du?

Was für ein Klassenraum?

💬 **1** • Was seht ihr auf den Bildern?
  • Was könnt ihr lesen?

👄 **2** Wie waren **eure** ersten Schultage? Erzählt.

››› zeigen, fotografieren, basteln, besprechen …
der Globus, das Plakat, das Namensschild …

bakalım! Idemo!

Welche Regeln?

Mit diesem Kapitel könnt ihr gemeinsam
in das neue Schuljahr starten. Los geht's!

Wer bin ich? Wie bin ich?

Zu jedem Menschen gehört ein Name.

 1 Schreibe ein Namensschild mit deinem Namen.
Tipps: • Schreibe groß und deutlich.
 • Du kannst auch ein Bild zeichnen oder
 aufkleben.

Malte hat zu seinem Namen Sätze aufgeschrieben.
Meral hat ein Ich-Gedicht geschrieben.

M Am liebsten höre ich Musik. ♪
A Ich bin nicht gern allein.
L Ich lache gern. Haha!
T Manchmal tröste ich meinen kleinen Bruder.
E Elin ist meine große Schwester.

M mutig
E ehrlich
R ruhig
A albern
L lustig

W **2** Wie bist **du**? Was magst du?
Was magst du nicht? Was tust du gern?
Wähle aus:
• Schreibe Sätze zu deinem Namen auf.
• Oder schreibe ein Ich-Gedicht.

Z **Spielzeit: Sich kennen lernen**

💬 **3** Wie heißt du und wie bist du?
• Bildet **einen Stuhlkreis**.
• Der Erste sagt seinen **Namen** und **wie er ist**.
• Der Nächste **wiederholt** den Satz.
• Dann sagt er seinen Namen und wie er ist.
• Das Spiel endet, wenn alle sich vorgestellt haben.

Wer bist du? Was meinst du?

**Mit einer Punktabfrage könnt ihr euch
noch besser kennen lernen.**

💬 **4** Was möchtest du über dich mitteilen?

  a. Jeder schreibt einen Ich-Satz auf.
  b. Wählt gemeinsam zehn Ich-Sätze aus.
     Schreibt sie an die Tafel.
  c. Jeder klebt einen Klebepunkt neben
     die Sätze, die zu ihm passen.
  d. Wertet die Punktabfrage aus.

👥 **5** a. Erzähle einem Partner etwas von dir.
     Dein Partner hört gut zu.
  b. Jetzt erzählt dein Partner etwas. Höre gut zu.
👄 c. Stellt euch gegenseitig in der Klasse vor.

》》》 deine Lieblingsfarbe
dein Lieblingsessen
dein Lieblingstier
dein Lieblingsspiel

z **Spielzeit: Meinungen austauschen**

💬 **6** Zu einem Thema kann man unterschiedliche Meinungen
haben.
  • Stellt Musik bereit.
  • Bildet **2 Stuhlkreise**: 1 Innenkreis und 1 Außenkreis.
  • Wenn **die Musik spielt**:
    Alle im Innenkreis gehen linksherum,
    alle im Außenkreis gehen rechtsherum.
  • Wenn **die Musik endet**: Alle setzen sich hin.
    So findet jeder einen Partner.

  • Der Spielleiter nennt **ein Thema**.
  • **Sprich** mit deinem Partner über das Thema.
    Begründe deine Meinung.
  • Nach einer Minute beginnt das Spiel von vorn.

》》》 die Themen:
Haustiere, Fußball,
Handy, Comics,
Chatten

Wie können wir uns gut verstehen?

Sina und Moritz wollen den Klassenraum gestalten.

💬 **1** Was tun Sina und Moritz?

👄 **2** **Was** sagen Sina und Moritz zueinander?
Lest die Sprechblasen mit verteilten Rollen.

💬 **3** a. **Wie** sprechen sie miteinander?
b. **Warum** sprechen sie so miteinander?
Findet Gründe.

>>> sich anschreien, sich nicht ausreden lassen, einander nicht zuhören …

💬✏ **4** Was könnten die beiden besser machen?
Schreibt Ratschläge auf.

Ⓩ **Spielzeit: Gut zuhören – ein Bilddiktat zeichnen**

👥 **5** Bei einem Bilddiktat müsst ihr genau beschreiben und
gut zuhören.
• Wähle einen Gegenstand aus oder überlege dir
  einen anderen Gegenstand.
• Beschreibe den Gegenstand genau.
• Dein Partner zeichnet, was du beschreibst.
• Vergleicht: Sieht das Bild so aus wie der Gegenstand?
• Wenn nicht: Woran könnte das liegen?

Welche Regeln wollen wir vereinbaren?

Klassenregeln helfen euch, gemeinsam zu planen und zu arbeiten.

6 Welche Klassenregeln wollt ihr vereinbaren? Sammelt Stichworte an der Tafel.

> – nachfragen   – zuhören
> – „bitte" sagen   – sich melden
> – höflich sein   – ausreden lassen

7 a. Formuliert eure Klassenregeln.
b. Gestaltet ein Plakat mit euren Klassenregeln.
  • Wählt zuerst eure Regeln aus.
  • Schreibt die Regeln groß auf das Plakat.
  • Unterschreibt alle das Plakat.
  • Hängt das Plakat in der Klasse auf.
    Es soll gut sichtbar sein.

Z   **Spielzeit: Regeln für alle – ein Netz bilden**

8 Mit einem Wollknäuel könnt ihr ein Netz bilden und zeigen:
Unsere Klassenregeln gelten für alle.
• Bildet einen **Stuhlkreis**.
• Der Erste nennt **ein Stichwort**: nachfragen.
• Er hält den Anfang vom Faden fest und **wirft das Wollknäuel** zum Nächsten.
• Der Nächste nennt **die Klassenregel**:
  Ich frage nach, wenn ich etwas nicht verstanden habe.
• Er hält den Faden fest und wirft das Wollknäuel zum Nächsten.
• Das Spiel endet, wenn alle Regeln genannt sind.

Wie gestalten wir unseren Klassenraum?

💬 **1** Wie wollt ihr euren Klassenraum gestalten? Sammelt Ideen.

⟩⟩ selbst gemalte Bilder, Blumen, ein Kalender, Fotos von uns …

W **2** Wählt aus:
- Gestaltet euren Klassenraum nach euren Ideen.
- Oder wählt aus den folgenden Ideen aus.

Ein Geburtstagskalender

Ihr braucht: große Blätter Papier, Tonpapier, farbige Stifte, eine Schere und Fotos von euch.

So geht's:
- Immer 2 Schüler gestalten ein Monatsblatt.
- Schreibt auf euer Blatt den Monat.
- Wer hat in dem Monat Geburtstag? Schreibt die Namen und die Geburtstage auf.
- Ergänzt Bilder, Fotos, Zeichnungen.

Schattenbilder

Ihr braucht: große Blätter Papier, eine Lampe, farbige Stifte und eine Schere.

So geht's:
- Heftet ein großes Blatt Papier an die Wand.
- Ein Schüler setzt sich vor das Papier.
- Der zweite Schüler beleuchtet mit einer Lampe den Schüler und das Papier.
- Der dritte Schüler zeichnet mit einem Stift den Schatten nach.
- Jeder schneidet sein Schattenbild aus.
- Jeder schreibt seinen Namen dazu und gestaltet das Blatt.

Handumrisse

Du brauchst: ein Blatt Papier, farbige Stifte oder Malfarbe.

So geht's:
- Zeichne die Umrisse deiner Hand auf das Blatt Papier. Oder streiche deine Hand mit Malfarbe ein und drücke sie dann auf das Blatt Papier.
- Schreibe deinen Namen auf das Blatt.
- Ergänze Bilder, Fotos, Zeichungen.

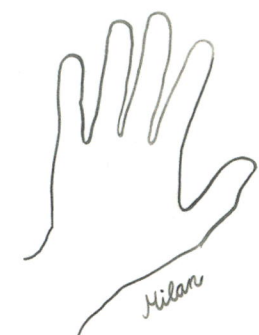

Ein Klassenbaum

Ihr braucht: farbiges Tonpapier, farbige Stifte, Scheren und Fotos von euch.

So geht's:
- Bastelt aus Tonpapier einen großen Baum. Ihr könnt auch einzelne echte Zweige dafür verwenden.
- Schneidet bunte Blätter aus dem Tonpapier aus.
- Schreibt eure Namen auf die Blätter.
- Klebt die Blätter und eure Fotos an den Baum.

Der Baum der Freundlichkeiten

Ihr braucht: einen kleinen Baum oder eine große Pflanze, farbige Kärtchen, Stifte und Bänder.

So geht's:
- Jeder erhält ein farbiges Kärtchen.
- Überlegt: Womit kann ich anderen eine Freude machen? Schreibt es auf das Kärtchen.
- Hängt alle Kärtchen an den Baum.
- Jeden Morgen sucht sich ein Schüler ein Kärtchen aus. Er erfüllt, was auf dem Kärtchen steht.
- Dann bestimmt er, wer am nächsten Tag jemandem eine Freude macht.

Artikel und Nomen

Einige Wörter schreiben wir immer groß.
Wir nennen sie Nomen (Namenwörter).

 1 Lies die Wörter.

Stiefel   Hemd   Zwiebel   wieder

Höhle   Finger   hier   plötzlich

immer   Sonntag   Wald   niemals

Riegel   Haus   Tier   Maus

der
das
die

 2 a. Zu welchen Wörtern gehört der, das, die?
b. Schreibe die Wörter in dein Heft.

➡ der Stiefel, das Hemd, die Zwiebel ...

❗ Zu den Nomen (Namenwörtern) gehört meist
ein **Artikel (Begleiter)**: der, das, die.

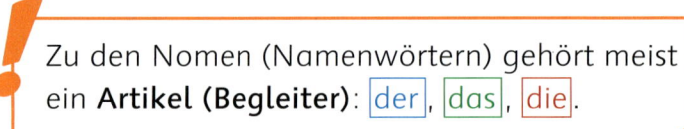 **3** Welcher Artikel gehört zu diesen Nomen?

WegRadKisteWinterLichtHöhleWieseHund

 a. Zeichne eine Tabelle in dein Heft.
b. Schreibe die Nomen aus der Wörterschlange
mit ihren Artikeln in die passende Spalte.

➡ Eine Tabelle zeichnen:
Seite 275

der	das	die
der Weg	das Rad	die Kiste

**Bei den meisten Nomen (Namenwörtern)
können wir die Einzahl und die Mehrzahl bilden.**

  4   a. Zeichne eine Tabelle in dein Heft.
   b. Schreibe die Nomen von Aufgabe 3
      in der Einzahl und Mehrzahl auf.
   c. Markiere alle Artikel in der Mehrzahl.

Einzahl:	Mehrzahl:
der Weg	(die) Wege – viele Wege

>>> die Wege
die Hunde
die Höhlen
die Kisten
die Lichter
die Räder
die Wiesen
die Winter

 5   Was fällt dir beim Artikel in der Mehrzahl auf?
Ergänze die Lücke. Schreibe in dein Heft.

In der Mehrzahl heißt der Artikel immer _____.

Ihr könnt Plakate zu den Artikeln gestalten.

  6   • Schreibt die Artikel der , das , die auf Plakate.
   • Sammelt Nomen:
      Welche findet ihr wichtig? Welche wollt ihr üben?
   • Schreibt die Nomen mit Artikel
      in der passenden Farbe auf die Plakate.

→ Wörterliste: Seite 284–295

 7   Übe diese Wörter.

Tag	Kiste	Hand	Nagel	Bild
Wiese	Hund	Punkt	Auge	Schüler
Nudel	Hemd	Wort	Seite	Bein

   a. Wähle 8 Wörter aus.
   b. Schreibe sie mit ihren Artikeln in dein Heft.
      Benutze die Wortprofis.

>>> der
das
die

→ Wörter abschreiben:
Seite 278/279

Training:
Meinungen äußern und begründen

**Die Schüler und Schülerinnen der Klasse 5a überlegen,
ob sie ein Aquarium für das Klassenzimmer kaufen.**

**Janina und David haben unterschiedliche Meinungen.
Sie nennen auch Gründe dafür und dagegen.**

Ich bin **gegen** ein Aquarium.

Fische und Pflanzen sind teuer.

Dann haben wir ja noch einen Dienst!

Ein Aquarium braucht Verantwortung.

Ein Aquarium verschönert den Klassenraum!

Ich bin **für** ein Aquarium.

Fische sind beruhigend.

Es macht Spaß, die Fische zu beobachten.

1 Welche Meinung hat Janina zu einem Aquarium?
Welche Meinung hat David?

2 Welche Gründe (Argumente) nennen Janina und David
für oder **gegen** ein Aquarium?

　a. Zeichne eine Tabelle in dein Heft.

➜ Eine Tabelle zeichnen:
Seite 275

　b. Schreibe die Argumente geordnet auf.

Argumente dafür	Argumente dagegen
Ein Aquarium verschönert …	Fische und Pflanzen …
…	…

　c. Ergänze weitere Argumente dafür oder dagegen.

3 Vergleicht eure Argumente in der Klasse.

Janina und David begründen ihre Meinung.

Ich bin
gegen ein Aquarium,
weil Fische und Pflanzen
teuer sind.

Ich bin
für ein Aquarium,
denn es verschönert
den Klassenraum.

 4 a. Schreibe die Sätze aus den Sprechblasen auf.
b. Markiere die hervorgehobenen Wörter.

5 Bist du **für** oder **gegen** ein Aquarium?
Schreibe auf. Begründe deine Meinung.
Tipp: Du kannst die Satzschalttafel verwenden.

Ich bin	für ein Aquarium,	denn	es verschönert den Klassenraum.
			die Fische bringen Freude.
		weil	Fische beruhigen.
			das Beobachten der Fische Spaß macht.

Ich bin	gegen ein Aquarium,	denn	Fische und Pflanzen sind teuer.
			man muss Verantwortung übernehmen.
		weil	die Pflege Arbeit macht.
			sich auch in den Ferien jemand kümmern muss.

 6 • Tragt eure Meinungen zusammen.
• Sprecht auch über eure Begründungen.

Das Frühstück ist

💬 **1** Welche Nahrungsmittel und Getränke
seht ihr auf den Bildern?

 Ich sehe …

💬 **2** • Was davon esst ihr warm?
• Was esst ihr kalt?
• Kann man einiges auch warm und kalt essen?

>>> der Saft, der Jogurt,
der Quark, der Toast,
das Croissant, das Ei,
das Fladenbrot,
das Wasser, das Müsli,
das Vollkornbrötchen,
die Marmelade,
die Miso-Suppe,
die Tomate,
die Cornflakes,
die Oliven, die Bohnen,
die Weintrauben

fertig!

💬 **3** Was isst und trinkst du gern zum Frühstück?
Was isst und trinkst du nicht so gern zum Frühstück?

➡️ Ich esse gern …
Ich trinke gern …

💬 **4** **Wie** frühstückst du an Schultagen?
Wie frühstückst du am Wochenende?

›››jeden Morgen,
manchmal, nie

allein, mit der Familie,
mit Geschwistern, mit …

**Warum ist ein gesundes Frühstück wichtig
für den ganzen Tag?
In diesem Kapitel informiert ihr euch darüber.**

Was wir frühstücken

**Zum Frühstück esst und trinkt ihr
viele verschiedene Nahrungsmittel.**

Zum Frühstück habe ich heute
eine Scheibe Toast mit Quark gegessen.
Dazu habe ich ein Glas Kakao
getrunken.

 1 Was habt ihr gestern und heute zum Frühstück gegessen
und getrunken?

Die Nahrungsmittel könnt ihr in Gruppen ordnen.

 2 a. Zeichnet eine Tabelle.
b. Ordnet die Nahrungsmittel von Aufgabe 1
in die Tabelle ein.
c. Ergänzt weitere Nahrungsmittel.

Nahrungsmittel aus Getreide[1]	Obst und Gemüse	Getränke	Nahrungsmittel aus Milch[2]	Fisch und Fleisch
das Brot …	die Oliven …	…	der Käse …	…

[1] Getreideprodukte
[2] Milchprodukte

⚙ Arbeitstechnik

Eine Tabelle zeichnen

- Ich brauche ein kariertes **Blatt**, einen **Bleistift** und
  ein **Lineal**.
- Ich lege das Blatt mit der langen Seite vor mich hin.
- Ich zeichne eine lange Linie. Das ist die **Zeile**.
- Nun teile ich die Linie in gleich große Teile.
  Das sind die **Spalten**.
- In jede Spalte schreibe ich eine Überschrift.

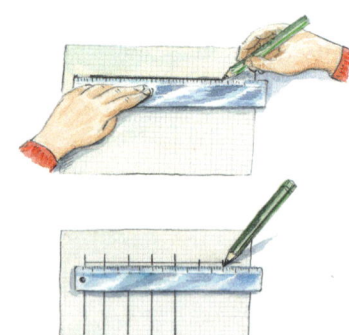

Der Ernährungskreis

Woraus besteht ein gesundes Frühstück?
Mit dem Ernährungskreis könnt ihr es herausfinden.

3 Seht euch den Ernährungskreis an.

 Freie Fahrt! Davon gern viel.

 Achtung, nicht zu viel!

 Stopp, nur ganz wenig!

4
- Wovon dürft ihr viel essen oder trinken?
- Wovon dürft ihr nicht so viel essen?
- Wovon dürft ihr nur wenig essen oder trinken?

>>> der Apfel, der Quark, das Müsli, das Obst, die Marmelade, die Milch, die Gurke, die Wurst

 Wir dürfen viel Obst und … essen und trinken.
Wir dürfen nicht so viel … essen und trinken.
Wir dürfen nur wenig … essen.

Einen Sachtext
mit dem Textknacker lesen

Der Sachtext auf Seite 31 informiert dich über ein gesundes Frühstück.

Der Textknacker hilft dir, den Text zu verstehen.

1. Schritt: Vor dem Lesen
Bilder helfen mir, den Text besser zu verstehen.
Die **Überschrift** sagt mir etwas über den Text.

 1 a. Sieh dir die Bilder an.
  b. Lies die Überschrift.
  c. Worum könnte es in dem Text gehen?
     Schreibe deine Vermutung auf.

2. Schritt: Das erste Lesen
Ein Text hat **Absätze**.
Was in einem Absatz steht, gehört zusammen.
Die **Schlüsselwörter** im Text sind besonders wichtig.

 2 a. Zähle die Absätze.
  b. Lies die hervorgehobenen Schlüsselwörter.
  c. Überprüfe deine Vermutung von Aufgabe 1 c.
     Schreibe auf, worum es in dem Text geht.

3. Schritt: Den Text genau lesen
Erst **der ganze Text** sagt mir, worum es geht.

 3 Lies den ganzen Text – Absatz für Absatz.

📖 Frühstücken mit Köpfchen: So frühstücke ich gesund

1 Dein Körper hat die ganze Nacht keine Nahrung erhalten.

2 Das Frühstück gibt dir neue Energie. Die Energie kommt

3 aus Nahrungsmitteln. Diese enthalten Kohlenhydrate,

4 Vitamine, Eiweiße und Fett.

5 **Grün: Freie Fahrt!** Kohlenhydrate liefern dir Kraft und

6 Energie. Gesunde Kohlenhydrate sind in Vollkornbrot

7 oder Müsli enthalten. Sie geben dir Energie für mehrere

8 Stunden. Auch helle Brötchen enthalten Kohlenhydrate

9 – aber nicht so gute. Sie geben nur für kurze Zeit Energie.

10 Vitamine sind auch sehr wichtig. Ohne Vitamine

11 fühlst du dich schnell müde. Vitamine schützen dich

12 vor Krankheiten. Vitamine sind vor allem in Obst und

13 Gemüse enthalten. Die meisten Vitamine stecken in

14 der Schale von Äpfeln und Birnen.

15 Ganz wichtig ist, dass du ausreichend trinkst.

16 Trinke zum Frühstück eine Tasse Tee, ein Glas Milch

17 oder Mineralwasser.

18 **Gelb: Achtung!** Eier, Milch, Quark, Käse, magere Wurst

19 und Nüsse enthalten besonders viele Eiweiße.

20 Eiweiße braucht dein Körper für starke Knochen und

21 Muskeln. Eiweiß ist wichtig für das Wachstum.

22 **Rot: Stopp!** Auch Fett liefert Energie.

23 Aber zu viel Fett kann deinen Körper krank machen.

24 Du darfst deshalb Butter und Margarine nur

25 in kleinen Mengen essen.

4. Schritt: Nach dem Lesen
Ich habe den Text gelesen. Jetzt kann ich etwas aufschreiben.

✏️ **4** Schreibe die wesentlichen Informationen auf.
- Warum brauche ich ein gesundes Frühstück?
- Woraus besteht ein gesundes Frühstück?

Einen Sachtext lesen und verstehen

Im folgenden Text erfährst du etwas über Nüsse und ihre Bedeutung als Nahrungsmittel.

1 Lies den Text. Wende die Schritte vom Textknacker an. ➡ Textknacker: Seite 270

1. Schritt: Vor dem Lesen

2. Schritt: Das erste Lesen

3. Schritt: Den Text genau lesen

>>> 1. die Bilder
      die Überschrift
   2. die Absätze
      die Schlüsselwörter
   3. der ganze Text

 **Täglich eine Hand voll Nüsse**

1 Nüsse enthalten viel Fett. Zu viel Fett ist ungesund.

2 Aber der Körper braucht auch Fett.

3 Es schützt unseren Körper vor Kälte.

4 Nüsse enthalten auch viele Vitamine und Mineralstoffe.

5 Vitamine sind gesund und schützen vor Krankheiten.

6 Mineralstoffe stärken die Knochen und die Zähne.

7 Nüsse enthalten auch Eiweiße. Sie helfen dem Körper

8 beim Aufbau von Haaren, Knochen und Haut.

9 Nüsse sollten Teil der gesunden Ernährung sein.

10 Die bekanntesten Nüsse sind Haselnüsse,

11 Mandeln oder Walnüsse.

4. Schritt: Nach dem Lesen

 2 Schreibe die wesentlichen Informationen auf.
- Was enthalten Nüsse?
- Warum sind diese Stoffe wichtig für deinen Körper?
- Welches sind die bekanntesten Nüsse?

 3 Warum können Nüsse Teil von einem gesunden Frühstück sein? Erkläre es der Klasse.

Tabellen zeichnen

Schreibe in einem Tagebuch auf, was du am Morgen, am Mittag, am Abend und zwischendurch isst und trinkst.

 4 a. Zeichne eine Tabelle mit 7 Spalten.
   b. Schreibe die 7 Wochentage als Überschriften in die Spalten.

→ Eine Tabelle zeichnen: Seite 275

 5 Trage in deine Tabelle ein, was du isst und trinkst. Beginne an einem Montag.

Montag	Dienstag	Mittwoch	Donnerstag	...
Brot, Käse, Chips, Pizza, Limo	...	...	...	...

Der Ernährungskreis sagt dir:

Rot: Stopp, nur ganz wenig!

Gelb: Achtung, nicht zu viel!

Grün: Freie Fahrt! Davon gern viel.

 6 a. Lies deine Tabelle.
   b. Markiere die Nahrungsmittel und Getränke in den passenden Farben.

7 Vergleicht eure Ergebnisse.

Unser Klassenfrühstück

Gemeinsam könnt ihr ein Klassenfrühstück organisieren:
Jede Gruppe bereitet etwas vor.
Ihr könnt für das Klassenfrühstück Brötchen backen.

Ein Rezept für Brötchen

Zutaten (für 24 Brötchen):
1 kg Weizen-Vollkornmehl
1 Prise[1] Zucker
1 Esslöffel Salz
2 Tüten Trockenhefe
3 Tassen Mineralwasser
1 Ei

Zubehör:
1 Schüssel
1 Rührlöffel
1 Küchentuch
1 Backblech
1 Tasse
1 Gabel
1 Backpinsel
1 Messer

Zubereitung der Brötchen:
– Vermische Mehl, Zucker, Salz und Hefe
   in einer Schüssel. Rühre das Wasser hinein.
– Knete alles 10 Minuten lang.
– Decke den Teig mit einem Küchentuch ab.
   Lass den Teig 30 Minuten stehen.
– Forme dann aus dem Teig 20–25 Kugeln.
– Streue Mehl auf das Backblech.
– Lege die Kugeln auf das Backblech.
– Decke das Backblech mit dem Küchentuch ab.
   Lass das Backblech 45 Minuten zugedeckt stehen.
– Verrühre das Ei in der Tasse. Nimm dazu die Gabel.
– Bestreiche die Brötchen mit dem Ei.
– Schneide die Brötchen mit einem Messer oben ein.
– Heize den Backofen auf 210 °C vor.
– Stelle eine Tasse Wasser in den Backofen.
– Backe die Brötchen 20–25 Minuten.

[1] So viel wie zwischen 3 Finger passt.

  1 Probiert das Rezept aus.

Wie wollt ihr die Brötchen zum Frühstück servieren?
Ein Arbeitsplan hilft euch bei der Vorbereitung.

2 Was braucht ihr für das Klassenfrühstück?

> ➡ Brotkörbe, Servietten …

3 Wie viel braucht ihr?
Schreibt eine Liste.

> ➡ 6 Brotkörbe …

4 Sprecht euch gemeinsam ab:
• Wer bringt was mit?
• Was müsst ihr tun?
• Wer soll es tun?

5 Schreibt einen Arbeitsplan.

Unser Arbeitsplan	
Was?	**Wer?**
1. die Liste schreiben	alle
2. …	…

>>> Brotkörbe mitbringen
Servietten falten
die Liste schreiben ✓
Messer mitbringen
aufräumen
spülen
…

Alle Gruppen haben etwas für das Klassenfrühstück
vorbereitet.

6 Eure Gruppe präsentiert die Brötchen auf jedem Tisch.

7 Probiert von jedem Gruppenfrühstück.
• Welches Gruppenfrühstück schmeckt euch am besten?
• Ist das ein gesundes Frühstück?

8 Wertet am nächsten Tag eure Gruppenarbeit aus.
• Was hat gut geklappt?
• Was könnt ihr beim nächsten Mal besser machen?

Käsebrot oder Wurstbrot?

Nomen kannst du zusammensetzen.

1 **a.** Setze die 2 Nomen zusammen.

der		die	
die Nuss	der Kuchen	das Gemüse	die Suppe
die Wurst	das Brot	der Honig	die Melone

b. Schreibe die zusammengesetzten Nomen in dein Heft.

die Nuss + der Kuchen = der Nusskuchen

! Zusammengesetzte Nomen haben immer den Artikel (Begleiter) vom **zweiten** Nomen.

2 Schreibe die zusammengesetzten Nomen in dein Heft.

der Spargel
das Gulasch — die Suppe
die Nudel

der Käse
die Wurst — das Brot
die Butter

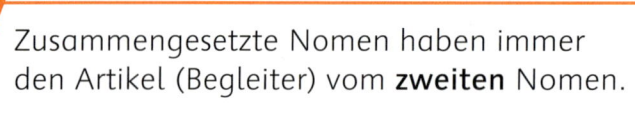

der Spargel + die Suppe = …

die Kartoffel — der Salat / das Brot / die Suppe

die Zwiebel — der Kuchen / das Brot / die Suppe

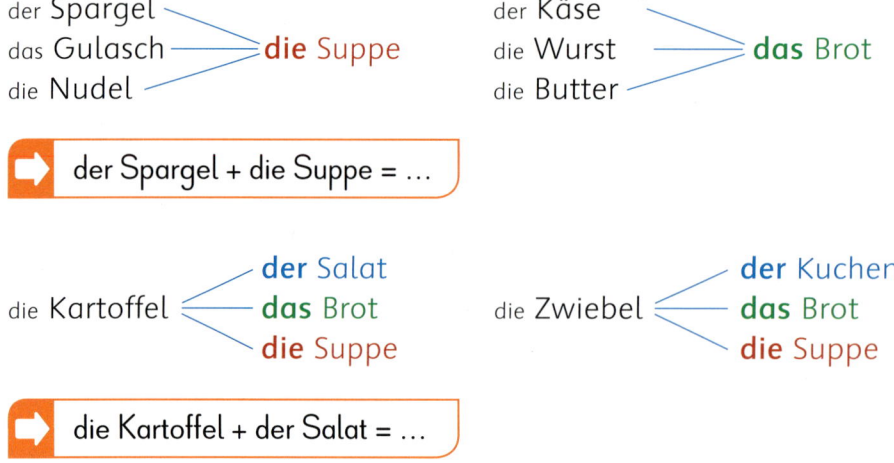

die Kartoffel + der Salat = …

**In dem folgenden Text findest du
6 zusammengesetzte Nomen.**

 Das Klassenfrühstück

1 In der Klasse frühstücken alle gemeinsam.

2 Jede Gruppe hat etwas vorbereitet.

3 Es gibt:

4 Roggenbrot und Sesambrötchen,

5 Pfirsichmarmelade und Erdbeerjogurt,

6 Apfelsaft und Obstsalat.

3 Welche Nomen sind im Text zusammengesetzt?

der Roggen	der Sesam		der Jogurt	der Saft
der Pfirsich	der Apfel	**+**	der Salat	das Brötchen
das Obst	die Erdbeer(e)		das Brot	die Marmelade

a. Bilde die zusammengesetzten Nomen.

b. Schreibe sie mit Artikel in dein Heft.

das Roggenbrot …

**Bei einigen zusammengesetzten Nomen
steht ein n zwischen den Nomen.**

 4 a. Bilde zusammengesetzte Nomen. Denke an das **n**!

die Orange + der Saft   die Kamille + der Tee
die Pflaume + die Marmelade   die Gurke + der Salat
die Schokolade + der Kuchen   die Birne + der Jogurt

b. Schreibe die zusammengesetzten Nomen in dein Heft.

c. Markiere das **n** zwischen den Nomen.

der Orangensaft …

Training:
Den Textknacker anwenden

**Der folgende Sachtext informiert dich über Brotsorten
in Europa. Der Textknacker hilft dir, den Text zu verstehen.**

1. Schritt: Vor dem Lesen

1   **a.** Sieh dir die Bilder an.
      b. Lies die Überschrift.

2. Schritt: Das erste Lesen

2   **a.** Zähle die Absätze.
      b. Lies die hervorgehobenen Schlüsselwörter.
      c. Lies die Worterklärungen.

3. Schritt: Den Text genau lesen

3   Lies den ganzen Text – Absatz für Absatz.

 ## Brotsorten in Europa

1 Brot wird aus einem Teig gebacken. Der Teig besteht
2 vor allem aus gemahlenem Getreide und Wasser.
3 Heute gibt es weltweit viele verschiedene Brotsorten.

4 In der Türkei und in Griechenland bereitet man
5 aus Weizenmehl¹ Fladenbrot zu. Es wird auf heißem
6 Stein gebacken. Das Fladenbrot heißt in der Türkei Pide
7 und in Griechenland heißt es Pita.

8 Aus Frankreich kommt das Baguette.
9 Es wird aus Weizenmehl hergestellt.

10 Aus Italien stammt die Pizza. Vor dem Backen
11 wird die Pizza mit verschiedenen Zutaten belegt,
12 zum Beispiel mit Tomaten, Oliven und Käse.

13 In Großbritannien wird oft Toast gegessen.

14 Er wird aus hellem Weizenmehl gebacken.

15 Aus Schweden stammt das Knäckebrot. Es besteht

16 aus verschiedenen Getreidesorten und Körnern.

17 Das Knäckebrot ist besonders hart und knusprig.

18 Viele Brotsorten gibt es in Deutschland.

19 Aus Süddeutschland stammt die Brezel. Sie wird

20 vor dem Backen in eine Lauge² getaucht.

21 In Berlin gibt es Schusterjungen. Das sind Brötchen

22 aus Weizenmehl und Roggenmehl.

23 Aus Westfalen stammt der Pumpernickel.

24 Er ist sehr lange haltbar.

¹ **Weizenmehl:** ein besonders helles, fast weißes Mehl
² **eine Lauge:** eine Flüssigkeit, die die Brezel braun werden lässt

4. Schritt: Nach dem Lesen

 4 Welche Brotsorten gibt es in Europa?

a. Zeichne eine Tabelle.

b. Trage die wichtigen Informationen aus dem Sachtext ein.

→ Eine Tabelle zeichnen: Seite 275

der Name der Brotsorte	das Land
…	Türkei

 5 Der Textknacker hilft dir, Texte zu verstehen.
Werte aus, was du schon kannst.

a. Zeichne eine Tabelle.

b. Kreuze an.

→ Eine Tabelle zeichnen: Seite 275

Das kann ich:	😊	😐	☹
die Überschrift lesen			
die Absätze erkennen			
die Schlüsselwörter lesen			
den ganzen Text lesen			

😊 ja
😐 fast immer
☹ noch nicht

Wo wir wohnen

Hallo, ich bin Mika.
Hier wohne ich!

>>> die Stadt
die Wohnung
der Wohnblock
der Hinterhof
das Zimmer
Basketball spielen

1 a. Seht euch die Fotos auf Seite 44 – 45 an.
   b. Was könnt ihr sehen? Beschreibt.

2 Was erfahrt ihr über Mika und Hannah?
   Stellt euch gegenseitig Fragen und beantwortet sie.

>>> Wo wohnt …?
Was tut … in der
Freizeit?
Wie kommt … zur
Schule?

Hi, ich heiße Hannah. Hier wohne ich!

6

5

7

8

💬 **3** Und wie ist es bei dir? Erzähle.
- Wo wohnst du?
- Wie wohnst du?
- Wie kommst du zur Schule?

**In diesem Kapitel könnt ihr vorstellen, wo und
wie ihr wohnt. Dazu bereitet ihr einen Kurzvortrag vor.**

Hier wohnen Mika und Hannah

**Mika und Hannah erzählen, wo und wie sie wohnen.
Der Textknacker hilft dir, die Texte zu verstehen.**

💬 **1** Sprecht über die Fotos und die Überschriften.

W **2** Wähle aus:
- Lies den Text über Mika auf Seite 46.
- Oder lies den Text über Hannah auf Seite 47.

📖 **Mika wohnt in der Stadt ...**

1 Mika erzählt:
2 „Ich heiße Mika. Ich wohne in Aachen. Das ist
3 eine Stadt mit vielen Einwohnern. Ich fahre
4 mit dem Rad zur Schule. Das dauert 10 Minuten.
5 Ich fahre jeden Morgen an einer Bäckerei vorbei.
6 Hier duftet es immer nach frischen Brötchen.

7 Wir wohnen im dritten Stock.
8 Ich wohne zusammen mit meiner Mutter und
9 meinem großen Bruder. Er heißt David.
10 Im Hof hat David einen Korb aufgehängt.
11 Manchmal spielen wir dort zusammen Basketball.
12 Auf dem Hof steht ein kleiner Schuppen.
13 Ein alter Sessel ist dort mein Lieblingsplatz.

14 Vor unserem Haus fahren viele Autos.
15 Ich mag es nicht so gern. Es ist oft laut.
16 Vom Fenster aus sehe ich einen Kiosk.
17 In der Nähe der Wohnung liegt ein schöner Park.
18 Ich spiele dort oft mit meinen Freunden Fußball.
19 Meine Freunde wohnen alle in der Nähe."

👥 **3** Was wisst ihr über Mika und seinen Wohnort?
Stellt euch Fragen und beantwortet sie.

⟩⟩⟩ Wo wohnt ...?
Was tut ...?
Was mag ...?

📖 ... und Hannah wohnt auf dem Land

1 Hannah erzählt:

2 „Ich heiße Hannah. Ich wohne in Hofhausen.

3 Das ist ein Dorf in der Nähe von Aachen.

4 Die Schule liegt 10 Kilometer entfernt.

5 Meine Freundin heißt Jessica.

6 Morgens fahren wir zusammen mit dem Bus zur Schule.

7 Ich wohne zusammen mit meinen Eltern und

8 meiner Oma in einem Reihenhaus.

9 Mein Lieblingsplatz ist die Fensterbank

10 in meinem Zimmer. Hier lese ich gerne.

11 Wenn ich aus dem Fenster sehe,

12 kann ich meine Katze im Garten beobachten.

13 Ich gehe gerne schwimmen,

14 aber das Schwimmbad ist weit weg.

15 Auch meine anderen Freundinnen wohnen weit weg.

16 Mit Jessica fahre ich oft Fahrrad oder wir skaten.

17 Im Sommer zelte ich manchmal mit Jessica im Garten.

18 Dann werden wir früh geweckt.

19 Die Hühner gackern laut.

20 Im Herbst wird das Getreide[1] geerntet.

21 Ich mag den Geruch von frischem Heu gern."

[1] das Getreide: Aus ihm wird Mehl gemahlen.

👥 **4** Was wisst ihr über Hannah und ihren Wohnort? Stellt euch Fragen und beantwortet sie.

>>> Wo wohnt ...?
Was tut ...?
Was mag ...?

Hier wohne ich – mein Kurzvortrag

Mika und Hannah haben erzählt, wo sie wohnen. Auch du kannst darüber erzählen. Du kannst einen Kurzvortrag halten.

 1 Überlege, worüber du den Kurzvortrag halten willst.
Wähle 3 Punkte aus:

> • **mein Wohnort**: Wo wohne ich?
> • **mein Schulweg**: Wie komme ich zur Schule?
> • **mein Lieblingsplatz**: Wo ist mein Lieblingsplatz?
>   Was mache ich dort?
> • **meine Freizeit**: Wo und womit verbringe ich meine Freizeit?
> • **Ich mag**: Was mag ich an meinem Wohnort?
> • **Ich mag nicht**: Was mag ich an dem Wohnort nicht so gern?

 2 a. Schreibe deine 3 gewählten Punkte auf Karteikarten.
b. Schreibe Stichworte dazu.

> *Mein Wohnort:*
> *in der Stadt*
> *im Hochhaus …*

⚙ Arbeitstechnik

Stichworte aufschreiben

Ich schreibe pro Stichwort nur wenige Wörter auf.
• Ich überlege, was **die wichtigen Informationen** sind.
  Dabei helfen mir die Fragen: Wo? Was? Wie?
• Ich schreibe zu den wichtigen Informationen
  Wörter und **Wortgruppen** auf.

 3 a. Nummeriere die Karteikarten
     in der richtigen Reihenfolge.
b. Markiere die wichtigen Wörter farbig.

> *Mein Wohnort: 1*
> *in der Stadt*
> *im Hochhaus …*

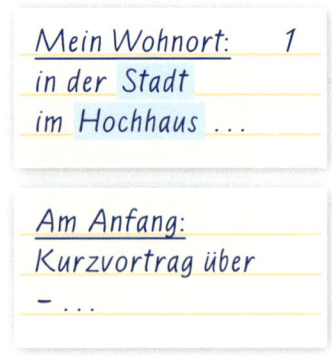 **4** a. Überlege, wie du den Kurzvortrag aufbauen willst.
     • Was ist besonders interessant?
     • Was sagst du am Anfang?
     • Was sagst du zum Schluss?
b. Schreibe es auf Karteikarten.

> *Am Anfang:*
> *Kurzvortrag über*
> *– …*

Ein schönes Bild oder Foto unterstützt deinen Vortrag.

Das Vortragen und das Zuhören üben

**Ihr könnt die anderen im wandernden Kreis
über euren Wohnort informieren.**

1 a. Nehmt eure Karteikarten.
   b. Bildet 1 Innenkreis und 1 Außenkreis.
   c. Stellt euch gegenüber.

> Ich fahre mit dem Fahrrad zur Schule.

> Ich mag den großen Abenteuerspielplatz.

2 Erste Runde!
   • Die Schüler im Innenkreis wählen eine von ihren
     Karteikarten aus und sprechen über das Thema.
   • Ihre Partner im Außenkreis hören zu.

> mein Wohnort
> mein Schulweg
> mein Lieblingsplatz
> meine Freizeit
> Ich mag
> Ich mag nicht

3 Zweite Runde!
   • Die Schüler im Innenkreis gehen einen Platz
     weiter nach rechts.
   • Jetzt sprechen die Schüler im Außenkreis.
   • Ihre Partner im Innenkreis hören zu.

4 Was habt ihr über euren Partner erfahren?
   Schreibt Stichworte auf.

→ Stichworte aufschreiben:
   Seite 274

5 Führt mehrere Runden im wandernden Kreis durch.
   Wählt immer neue Karteikarten aus.

6 Was habt ihr voneinander erfahren?
   Stelle zwei Mitschüler in der Klasse vor.
   Verwende deine Stichworte.

Beim Kurzvortrag sprichst du zu den Zuhörern.
Deshalb ist es wichtig, in Sätzen zu sprechen.

7 a. Nehmt eure Karteikarten.
   b. Lest eure Stichworte.
   c. Bildet aus den Stichworten vollständige Sätze.

2

Mein Lieblingsplatz:
Park

Mein Lieblingsplatz
ist im Park.

8 Übt euren Kurzvortrag.
   Beachtet dabei die Arbeitstechnik **Frei vortragen**.

⚙ Arbeitstechnik

Frei vortragen

- **Ich stelle mich** so hin, dass **alle mich sehen** können.
- Ich versuche, **frei** zu **sprechen** und wenig abzulesen.
- Ich spreche **langsam** und **deutlich**.
- Ich spreche **in Sätzen**.
- **Ich sehe** beim Sprechen **die Zuhörer an**.
- **Ich zeige** an passenden Stellen **Bilder** und **Materialien**.

Das kann ich!

Einen Kurzvortrag halten

Ihr habt euren Kurzvortrag vorbereitet und geübt.

1 Halte deinen Kurzvortrag in der Klasse.
   Beachte dabei die Arbeitstechnik **Frei vortragen**.

Auch die Zuhörer haben Aufgaben.

2 Beobachtet den Vortragenden.
   Wie wird der Kurzvortrag gehalten?

⟩⟩⟩ spricht langsam und
deutlich
spricht in Sätzen
macht Pausen
sieht die Zuhörer an

3 Wertet den Kurzvortrag gemeinsam aus:
   • Was war gut?
   • Was könnt ihr noch besser machen?

Sätze formulieren

Beim Kurzvortrag ist es wichtig, in Sätzen zu sprechen.

1 Wie könnt ihr aus den folgenden Stichworten
Sätze bilden? Probiert verschiedene Möglichkeiten.

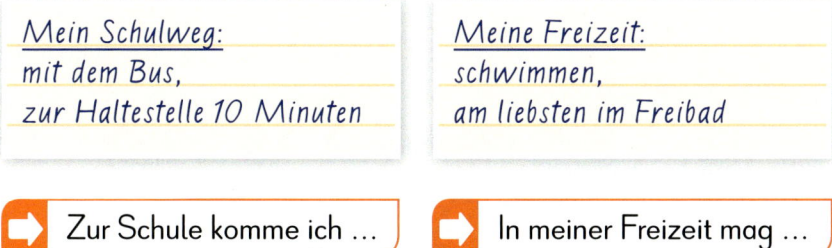

> *Mein Schulweg:*
> *mit dem Bus,*
> *zur Haltestelle 10 Minuten*

> *Meine Freizeit:*
> *schwimmen,*
> *am liebsten im Freibad*

➡ Zur Schule komme ich …

➡ In meiner Freizeit mag …

**Wenn du deinen Kurzvortrag aufbaust, überlegst du dir
auch Sätze für einen Anfang und einen Schluss.**

2 Was sagt ihr am Anfang? Bildet Sätze.

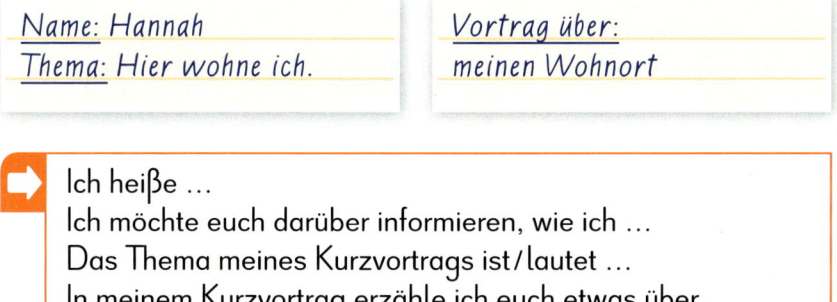

> *Name: Hannah*
> *Thema: Hier wohne ich.*

> *Vortrag über:*
> *meinen Wohnort*

➡ Ich heiße …
Ich möchte euch darüber informieren, wie ich …
Das Thema meines Kurzvortrags ist/lautet …
In meinem Kurzvortrag erzähle ich euch etwas über …

3 Was sagt ihr zum Schluss? Bildet Sätze.

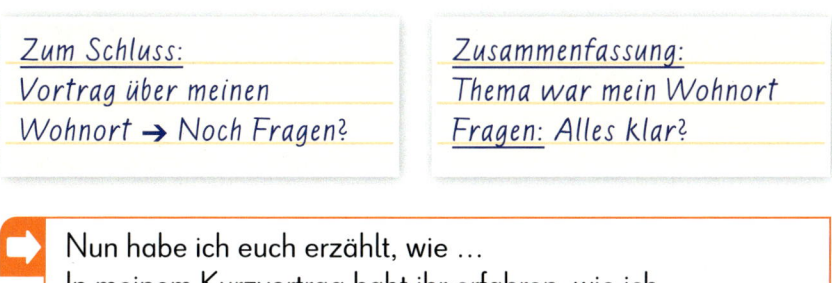

> *Zum Schluss:*
> *Vortrag über meinen*
> *Wohnort → Noch Fragen?*

> *Zusammenfassung:*
> *Thema war mein Wohnort*
> *Fragen: Alles klar?*

➡ Nun habe ich euch erzählt, wie …
In meinem Kurzvortrag habt ihr erfahren, wie ich …
Habt ihr noch Fragen dazu?
Möchtet ihr etwas noch genauer wissen?

Den Schulweg beschreiben

**Enrico ist ein Freund von Mika. Er geht in dieselbe Schule.
Auf dem Stadtplan kannst du Enricos Schulweg
mit den Augen verfolgen.**

1 Sieh dir den Stadtplan an.
- Wo wohnt Enrico?
- Wo ist Enricos Schule?

>>> Enricos Haus

die Schule

Der folgende Text beschreibt Enricos Schulweg.

📖 Enricos Schulweg

1 Enrico geht jeden Morgen zu Fuß zur Schule.

2 Er kommt aus dem Haus und geht nach rechts.

3 Bald sieht er die Skaterbahn.

4 Er geht an der Skaterbahn vorbei.

5 An der Ampel biegt Enrico links ab.

6 Dann läuft er geradeaus bis zum Fußballplatz.

7 Am Fußballplatz biegt Enrico rechts ab.

8 Dann kommt er am Supermarkt vorbei.

9 Dahinter biegt er links ab.

10 Jetzt sieht er auf der rechten Straßenseite die Schule.

>>> die Skaterbahn

die Ampel

der Fußballplatz

der Supermarkt

der Parkplatz

der Abenteuer-
spielplatz

2 Welchen Weg geht Enrico morgens zur Schule?

   a. Seht euch den Stadtplan noch einmal genau an.
   b. Geht mit dem Finger auf dem Stadtplan
        den Weg nach.

3 Beschreibe Enricos Schulweg.

Jeden Morgen	geht läuft	Enrico	zu Fuß	zur Schule. zu seiner Schule.

Er	kommt geht	aus dem Haus	und	geht läuft	nach rechts.

Danach Bald	sieht	er Enrico	die Skaterbahn.

An der Ampel	biegt	Enrico er	links ab.

Danach Dann	geht läuft	er Enrico	geradeaus weiter	bis zum Fußballplatz.

Dort Am Fußballplatz	biegt er rechts ab. geht Enrico rechtsherum.

Enrico Er	geht läuft	am Supermarkt	vorbei entlang	und biegt dahinter links ab.

Jetzt Nun	sieht	Enrico	rechts auf der rechten Seite	seine Schule. die Schule.

4 Enrico geht von der Schule zum Abenteuerspielplatz.

   a. Sucht auf dem Bild den Abenteuerspielplatz.
   b. Geht mit dem Finger auf dem Stadtplan den Weg nach.
   c. Beschreibt den Weg.

> ➡ Enrico kommt am Supermarkt vorbei. Dann …

**Ihr könnt auch selbst auf dem Stadtplan
einen Weg auswählen und ihn beschreiben.**

Wo ist mein Hamster Otto?

Der Hamster von Hannah hat sich versteckt. Aber wo?

📖 Otto im Versteck   Şule Aslan

1 Hannah kommt nach Haus. Oh Schreck!

2 Ihr kleiner Hamster Otto ist weg.

3 Wo ist mein kleiner Otto bloß?,

4 fragt Hannah sich und sucht gleich los:

5 Vor der Tür? Da liegt nur Laub.

6 In der Ecke? Nichts als Staub.

7 Unter dem Schreibtisch? Kein Otto zu sehen.

8 Hinter dem Fenster? Das kann ja nicht gehen!

9 Auf dem Bett? Das wäre verrückt.

10 Unter dem Schrank? Vielleicht hab ich Glück …

11 Neben den Schuhen, hurra, genau:

12 Da sitzt mein Otto. Ganz schön schlau!

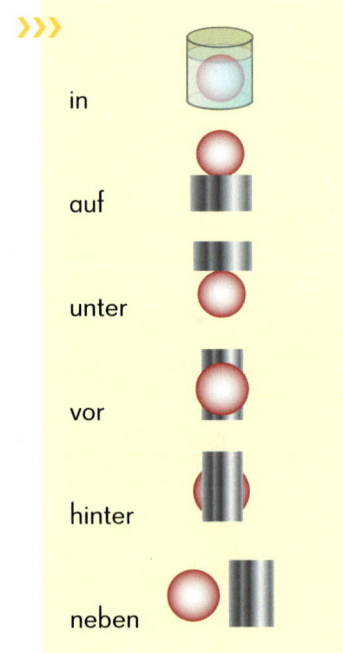

in

auf

unter

vor

hinter

neben

 1  **a.** Bildet Dreiergruppen.

b. Lest das Gedicht betont vor.
Sprecht fröhlich, ängstlich, verärgert …

✎ **2** Schreibe das Gedicht **Otto im Versteck** in dein Heft ab.

✎ **3** Wo sucht Hannah den Hamster?
Markiere die Wortgruppen im Heft farbig.

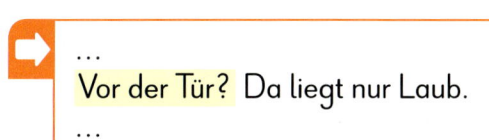

➡ ...
Vor der Tür? Da liegt nur Laub.
...

👁 **Auch hier kann sich der Hamster Otto verstecken.**

✎ **4** a. Schreibe die Verstecke mit Artikel untereinander auf.
b. Schreibe auf, **wo** der Hamster sich versteckt.

Der Hamster Otto Er	versteckt sich sitzt ist	auf hinter in neben unter vor	dem	Tisch. Teppich.
			dem	Kissen. Sofa.
			der	Schublade. Lampe.

Z ✎ **5** Schreibe ein eigenes Gedicht.
Verwende deine Ergebnisse aus Aufgabe 4.

Z 👄 **6** Lest eure eigenen Gedichte in der Klasse vor.

! Die Wörter **in**, **auf**, **unter**, **vor**, **hinter**, **neben**
nennen wir **Präpositionen**. Sie sagen, **wo** etwas steht.

der Schreibtisch ➜ **Wo?** – auf dem Schreibtisch
das Bett ➜ **Wo?** – unter dem Bett
die Mülltonne ➜ **Wo?** – in der Mülltonne

Training: Ich stelle den Nationalpark Eifel vor

In einem Kurzvortrag kannst du andere über den Nationalpark Eifel informieren.

1 Lies den Text. Wende die Schritte vom Textknacker an.   → Textknacker: Seite 270

> **1. Schritt: Vor dem Lesen**
> **2. Schritt: Das erste Lesen**
> **3. Schritt: Den Text genau lesen**

 Im Nationalpark Eifel gibt es viel zu erleben

1 In einem Nationalpark wird die Natur geschützt.
2 Du kannst dort bedrohte Pflanzen und Tiere entdecken.
3 Der Nationalpark Eifel liegt im Westen von Deutschland.
4 Er ist so groß wie 15 000 Fußballfelder.

5 Mit einem Ranger[1] kannst du die Natur erforschen,
6 zum Beispiel Pflanzen oder das Wasser untersuchen.
7 Außerdem kannst du mit dem Ranger Tierspuren lesen,
8 ein Lagerfeuer machen oder mit Materialien
9 aus der Natur basteln.

10 Auch für Sportfans gibt es viele Angebote. Du kannst
11 im Nationalpark wandern, baden und Kanu fahren.
12 In der Nähe gibt es einen Hochseilgarten. Dort sind
13 zwischen den Bäumen Seile oder Brücken befestigt.
14 Du löst im Team verschiedene sportliche Aufgaben.

15 Rund um den Nationalpark kannst du Reste
16 aus früheren Zeiten entdecken. Du kannst
17 in einem Steinbruch nach Fossilien suchen. Das sind
18 die versteinerten Reste von Pflanzen oder Tieren.

[1] **der Ranger:** Er arbeitet in einem Nationalpark.
Er kümmert sich um die Pflanzen und Tiere.

58   59 60

W 👥 **2** Was findet ihr besonders wichtig?
Wählt 3 Fragen aus, die ihr beantworten wollt.

> • **Wo** liegt der Nationalpark Eifel und wie groß ist er?
> • **Was** kann ich gemeinsam mit einem Ranger entdecken?
> • **Welche** Angebote gibt es für Sportfans?
> • **Was** kann ich rund um den Nationalpark entdecken?

👥 **3** a. Schreibt die 3 gewählten Fragen auf Karteikarten.
b. Schreibt zu jeder Frage Stichworte auf.
Tipp: Die Schlüsselwörter helfen euch dabei.

> *Wo liegt der*
> *Nationalpark Eifel?*
> *...*

👥 **4** a. Nummeriert die Karteikarten
in der richtigen Reihenfolge.
b. Markiert die wichtigen Wörter farbig.

👥 **5** a. Überlegt, wie ihr den Kurzvortrag aufbauen wollt.
• Was sagt ihr am Anfang?
• Was sagt ihr zum Schluss?
b. Schreibt es auf Karteikarten.

> *Zum Schluss:*
> *Thema war der*
> *Nationalpark Eifel*
> *→ Noch Fragen?*

👥 **6** Übt den Kurzvortrag.
Beachtet die Arbeitstechnik **Frei vortragen**.

→ Frei vortragen: Seite 277

Ihr habt euren Kurzvortrag vorbereitet und geübt.
Jetzt könnt ihr den Kurzvortrag vor der Klasse halten.

👄 **7** Jeder hält seinen Kurzvortrag.
Die Zuhörer hören gut zu.

💬 **8** Wertet den Kurzvortrag gemeinsam aus:
• Was war überzeugend?
• Wollt ihr in den Nationalpark Eifel fahren? Begründet.

An der Schule arbeiten

Auf dem Bild seht ihr verschiedene Tätigkeiten von einem Hausmeister.

💬 **1** Wie oft seht ihr den Hausmeister auf dem Bild?

💬 **2** Was tut der Hausmeister? Beschreibt.

Z 💬 **3** Was entdeckt ihr noch auf dem Bild? Beschreibt.

⟩⟩⟩ annehmen, verkaufen aufschließen, fegen, aufräumen, reparieren bohren, telefonieren

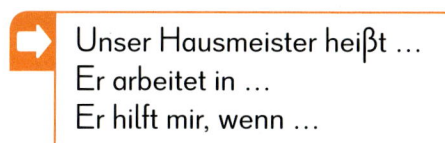

💬 **4** Und was tut die Hausmeisterin / der Hausmeister an eurer Schule? Beschreibt.

➡️ Unser Hausmeister heißt …
Er arbeitet in …
Er hilft mir, wenn …

Z 💬 **5** Was möchtet ihr noch über den Beruf Hausmeister wissen? Sammelt Fragen.

In diesem Kapitel lernt ihr 2 Berufe an der Schule kennen.
Die Berufe beschreibt ihr in Steckbriefen.

Beruf: Hausmeister

**In dem folgenden Text erzählt Herr Klein
von seiner Arbeit als Hausmeister.**

1 Lies den Text. Wende die Schritte vom Textknacker an. → Textknacker: Seite 270

1. Schritt: Vor dem Lesen	**⟫⟩ 1.** die Bilder die Überschrift
2. Schritt: Das erste Lesen	**2.** die Absätze die Schlüsselwörter
3. Schritt: Den Text genau lesen	**3.** der ganze Text

📖 Mein Arbeitstag als Hausmeister

1 Ich heiße Herr Klein. Ich arbeite als Hausmeister
2 an der Schiller-Schule.

3 Um 7:00 Uhr schließe ich die Schultür auf.
4 Ich mache einen Rundgang und
5 kontrolliere das Gebäude.
6 Die ersten Schülerinnen und Schüler kommen an.

7 Um 8:00 Uhr beginnt die erste Stunde.
8 Ein Lastwagen bringt 3 Pakete für die Schiller-Schule.
9 Ich nehme die Pakete an.
10 Plötzlich stehen mehrere Schüler hinter mir.
11 Sie brauchen meine Hilfe. Ein Fenster klemmt.
12 Ich repariere es.

13 Um 9:30 Uhr klingelt es zur großen Pause.
14 Ich verkaufe Essen und Getränke im Kiosk.

15 Ab 10:00 Uhr ist wieder Unterricht.
16 Ich repariere kleine Schäden. Bei größeren Reparaturen
17 rufe ich Handwerker an. Ich erteile ihnen Aufträge.
18 Ich prüfe dann, ob die Handwerker alles erledigt haben.

19 Nach dem Unterricht fege ich den Schulhof.

20 Ich pflege auch die Blumenbeete.

21 Für eine Versammlung der Lehrkräfte und Eltern

22 muss ich in der Aula Tische und Stühle aufstellen.

23 Am Nachmittag habe ich frei.

24 Von 18:00 bis 20:00 Uhr trainieren Sportvereine

25 in der Schule. Ich muss die Sporthalle aufschließen.

26 Danach muss ich beim letzten Rundgang

27 alle Türen abschließen.

4. Schritt: Nach dem Lesen

Was hast du über die Arbeit von Herrn Klein erfahren?
Mit Fragen kannst du die wichtigen Informationen finden.

2 Lest euch die Fragen ①–④ gegenseitig vor.
Beantwortet sie.

① Wie heißt der Beruf von Herrn Klein?

➡ Herr Klein ist von Beruf …

›››① die Berufs-
bezeichnung

② Wo arbeitet er?

➡ Er arbeitet …

›››② der Arbeitsort

③ Von wann bis wann arbeitet Herr Klein?

➡ Herr Klein arbeitet von … bis …
Er macht Pause …

›››③ die Arbeitszeit

④ Was tut Herr Klein?

➡ Herr Klein muss …

›››④ die Tätigkeiten

3 Schreibe die Fragen ①–④ in dein Heft ab.
Ergänze die Antworten. Schreibe Sätze auf.

**Sarah und Kim haben noch 2 wichtige Informationen
über den Beruf von Herrn Klein erfahren.**

4 Lest die Fragen und die Antworten mit verteilten Rollen.

1 **Kim:** „Welche Geräte und Werkzeuge brauchen
2 Sie als Hausmeister?"
3 **Herr Klein:** „Bei der Arbeit brauche ich ein Telefon,
4 eine Werkzeug-Tasche, einen Besen,
5 ein Kehrblech, eine Schaufel und
6 manchmal eine Wasser-Waage."

7 **Sarah:** „Wie haben Sie den Beruf erlernt?
8 Welche Ausbildung haben Sie?"
9 **Herr Klein:** „Als Hausmeister hat man oft
10 einen handwerklichen Beruf erlernt.
11 Ich habe eine Lehre als Schlosser gemacht."

5 Ergänze deine Sätze von Seite 65 über den Hausmeister.

a. Schreibe die Fragen ⑤ und ⑥ ab.
b. Ergänze die Antworten. Schreibe Sätze auf.

⑤ Welche Geräte und Werkzeuge braucht Herr Klein?　⟩⟩⟩ ⑤ die Arbeitsmittel

　　➡ Herr Klein braucht …

⑥ Welche Ausbildung hat er?　⟩⟩⟩ ⑥ die Ausbildung

　　➡ Er hat …

Einen Berufe-Steckbrief planen, schreiben, überarbeiten

Sarah hat mit Fragen wichtige Informationen über den Beruf Hausmeister gefunden. Sie möchte die Informationen kürzer und übersichtlicher aufschreiben.

Fragen zum Beruf beantworten

1 Wie heißt der Beruf?
   Herr Klein ist von Beruf Hausmeister.
2 Wo arbeitet er?
   Er arbeitet in der Schiller-Schule.
3 ...

Berufe-Steckbrief

1 die Berufsbezeichnung: Hausmeister
2 der Arbeitsort: die Schiller-Schule
3 die Arbeitszeit: von ▬▬ bis ▬▬ Uhr
4 die Tätigkeiten: ▬▬
5 die Arbeitsmittel: ▬▬
6 die Ausbildung: ▬▬

 6 a. Lest noch einmal eure Sätze über den Hausmeister.
   b. Was muss Sarah beim Berufe-Steckbrief ergänzen?

Du kannst andere in einem Steckbrief über den Beruf Hausmeister informieren.

7 Schreibe den Berufe-Steckbrief auf ein Blatt.
   • Orientiere dich an der Vorlage von Aufgabe 6.
   • Verwende deine Antworten von Seite 65 und 66.
   • Formuliere aus deinen Sätzen Stichworte.

→ Stichworte aufschreiben: Seite 274

⚙ Arbeitstechnik

Einen Steckbrief planen, schreiben, überarbeiten

• Ich **sammle Informationen**.
• Ich **ordne** die Informationen für den Steckbrief.
• Ich schreibe **Stichworte** auf.
• Ich **überprüfe**:
  Sind die Informationen **vollständig** und **verständlich**?
• Ich **überarbeite**. Ich schreibe den Steckbrief ab.
• Ich **gestalte** den Steckbrief, z. B. mit einem Foto.

Beruf: Schulsekretärin

**An einer Schule gibt es noch mehr Berufe.
In diesem Text erzählt die Schulsekretärin Frau Roth
von ihrem Arbeitsalltag.**

1 Lies den Text. Wende die Schritte vom Textknacker an. → Textknacker: Seite 270

 ## Mein Arbeitstag als Schulsekretärin

1 Ich heiße Luise Roth. Ich bin Sekretärin.

2 Ich arbeite schon seit 22 Jahren an dieser Schule.

3 Ich arbeite in einem Büro. Es heißt Schulsekretariat.

4 Das Schulsekretariat liegt zwischen dem Büro vom

5 Schulleiter und dem Lehrerzimmer.

6 Mein Arbeitstag beginnt um 7:30 Uhr und endet

7 um 15:00 Uhr. Manchmal mache ich aber auch

8 Überstunden[1], zum Beispiel bei der Einschulung.

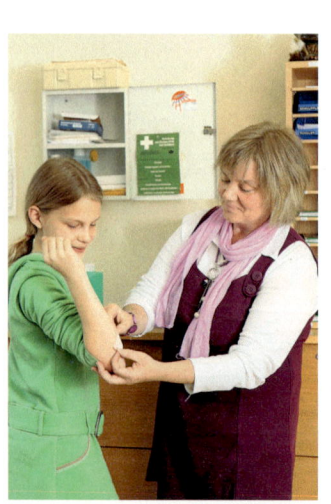

9 Meine Arbeit ist sehr abwechslungsreich. Ich habe von

10 jeder Schülerin und jedem Schüler eine Karteikarte.

11 Darauf schreibe ich wichtige Informationen. Ich ordne

12 Akten und schreibe Briefe für den Schulleiter.

13 Zwischendurch telefoniere ich viel. Ich gebe Eltern

14 Auskünfte oder leite Anrufe an den Schulleiter weiter.

15 Manchmal versorge ich verletzte Schüler.

16 Dann verteile ich Pflaster oder tröste sie. Außerdem

17 helfe ich den Lehrern. Ich bereite zum Beispiel

18 Listen und Urkunden für das Sportfest vor.

19 Für meine Arbeit brauche ich den Computer,

20 Aktenordner, Kugelschreiber und das Telefon.

21 Ich brauche auch Briefpapier, Stempel und

22 Büroklammern. Das sind meine Arbeitsmittel.

23 Ich habe eine Ausbildung zur Bürokauffrau gemacht.

[1] **Überstunden machen:** länger als die normale Arbeitszeit arbeiten

Was hast du über die Arbeit von Frau Roth erfahren?
Mit Fragen kannst du die wichtigen Informationen finden.

2 Lest euch die Fragen ①–⑥ gegenseitig vor.
Beantwortet sie.

① Wie heißt der Beruf von Frau Roth?
② Wo arbeitet sie?
③ Von wann bis wann arbeitet Frau Roth?
④ Was tut Frau Roth?
⑤ Welche Arbeitsmittel braucht sie?
⑥ Welche Ausbildung hat sie?

›››① die Berufs-
bezeichnung
② der Arbeitsort
③ die Arbeitszeit
④ die Tätigkeiten
⑤ die Arbeitsmittel
⑥ die Ausbildung

➡ Frau Roth ist von Beruf …
Sie arbeitet …

3 Schreibe die Antworten zu den Fragen ①–⑥ in dein Heft.
Schreibe Sätze auf.

Du kannst andere über den Beruf von Frau Roth kürzer
und übersichtlicher in einem Steckbrief informieren.

4 Schreibe einen Berufe-Steckbrief auf ein Blatt.
• Verwende deine Antworten von Aufgabe 3.
• Formuliere aus den Sätzen Stichworte.

Berufe-Steckbrief

1 die Berufs-
bezeichnung
2 der Arbeitsort
3 die Arbeitszeit
4 die Tätigkeiten
5 die Arbeitsmittel
6 die Ausbildung

Z Ihr habt Berufe-Steckbriefe zum Hausmeister und
zur Schulsekretärin geschrieben.

5 Vergleicht die beiden Berufe.
• Was ist gleich?
• Was ist verschieden?
• Was findet ihr interessant?

Einen Berufe-Steckbrief überarbeiten

Jan hat wichtige Informationen über den Beruf von Frau Koslowski aufgeschrieben.
Er hat wichtige Wörter und Wortgruppen markiert.

 **1** Lies die Sätze.

1 Frau Koslowski ist von Beruf Köchin. Sie arbeitet
2 in der Schiller-Schule in der Schulmensa. Ihre Arbeitszeit ist
3 von 8:00 Uhr bis 15:00 Uhr. Frau Koslowski kocht
4 das Mittagessen für die Schüler. Heute gibt es Kartoffelsuppe.
5 Dafür putzt sie das Gemüse. Sie schält Kartoffeln und schneidet
6 sie klein. Sie füllt Wasser in einen Topf und kocht darin
7 die Kartoffeln mit dem Gemüse. Frau Koslowski braucht
8 für ihre Arbeit Töpfe und einen Herd. Sie braucht auch
9 ein scharfes Messer, einen Rührlöffel und Gewürze.
10 Frau Koslowski hat eine Ausbildung zur Köchin gemacht.

Mit Hilfe seiner Sätze hat Jan einen Steckbrief entworfen.
Er möchte seinen Entwurf überarbeiten.

Berufe-Steckbrief

1 die Berufsbezeichnung: Köchin
2 der Arbeitsort: von 8:00 Uhr bis 15:00 Uhr
3 die Arbeitszeit: die Schulmensa der Schiller-Schule
4 die Tätigkeiten: kochen, Gemüse putzen
5 die Arbeitsmittel: Töpfe, ein Messer
6 die Ausbildung: ▓▓▓▓

Achtung:
Fehler!

 2 **a.** Prüfe:
• Welche Stichworte stehen an der falschen Stelle?
• Wo kannst du Stichworte ergänzen?
b. Überarbeite. Schreibe den Steckbrief vollständig auf.

Stichworte aufschreiben

In einem Steckbrief schreibst du keine langen Sätze, sondern kurze Stichworte auf. Hier kannst du wiederholen, Tätigkeiten in Stichworten zu formulieren.

📖 Das tut eine Schulsekretärin

1 Die Sekretärin ordnet Akten.

2 Sie schreibt Briefe für den Schulleiter.

3 Sie versorgt manchmal verletzte Schüler.

4 Sie telefoniert mit Eltern.

✏ **3** Was muss die Sekretärin **tun**?

a. Schreibe Stichworte auf.

b. Unterstreiche alle Tunwörter (Verben).

➡ Die Sekretärin muss:
– Akten ordnen
– ...

→ Stichworte aufschreiben: Seite 274

📖 Das tut ein Hausmeister

1 Der Hausmeister schließt die Türen auf.

2 Er baut neue Regale auf.

3 Er macht Termine mit den Handwerkern aus.

4 Jeden Morgen stellt er Getränke im Kiosk bereit.

✏ **4** Was muss der Hausmeister **tun**?

a. Schreibe Stichworte auf.

b. Unterstreiche alle Tunwörter (Verben).

➡ Der Hausmeister muss:
– die Türen aufschließen
– ...

→ Stichworte aufschreiben: Seite 274

Ich passe auf, ich höre zu …

**Ein Hausmeister und eine Sekretärin haben viel zu tun.
Eine Schülerin oder ein Schüler aber auch!**

📖 Leons Schultag   Şule Aslan

1 Ein Schülerleben ist ganz schön schwer,

2 bitte schaut doch einmal her:

3 Ich passe auf,

4 ich höre zu,

5 ich denke nach,

6 ich schreibe auf,

7 ich schlage nach,

8 ich kreise ein.

9 Und da soll noch einer sagen,

10 dass nur Erwachsene Arbeit haben!

1 Was alles hat eine Schülerin oder ein Schüler zu tun?

   a. Wählt abwechselnd eine Tätigkeit aus.
   b. Spielt die Tätigkeit ohne Worte vor.
   c. Der andere rät, welche Tätigkeit gemeint ist.

2 a. Schreibe das Gedicht am PC ab.
   b. Drucke das Gedicht aus.
   c. Unterstreiche die Verben (Tunwörter).

➡️ 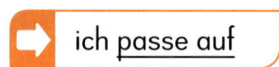 ich passe auf

3 Was wir Schülerinnen und Schüler alles tun!

   a. Schreibe die Verben von Aufgabe 2 mit **wir** auf.
   b. Ordne zu jeder Wortgruppe die passende Grundform. ⟩⟩ zuhören
      aufschreiben
      einkreisen
      aufpassen
      nachschlagen
      nachdenken

➡️ 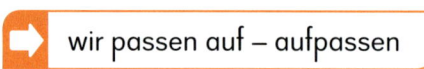 wir passen auf – aufpassen

Das alles kann man in der Pause tun.
Die folgenden Verben stehen in der Grundform.

aufessen	austrinken	mitbringen
auspacken	auffangen	aufschlagen

4 a. Schreibe die Verben untereinander auf.
b. Markiere in jedem Verb die Stelle,
an der es zusammengesetzt ist.

➡ auf|essen

5 Schreibe zu jeder Grundform das passende Verb mit **wir**.

➡ auf|essen – wir essen auf

6 Was machen wir in der Pause?
Bilde mit jeder Wortgruppe aus Aufgabe 5 einen Satz.

➡ Wir essen unser Brot auf.

Z **7** Was machst **du** in der Pause?
Bilde mit jeder Wortgruppe aus Aufgabe 5 einen Satz.

➡ Ich esse mein Brot auf.

! Einige **Verben** sind **zusammengesetzt**:
aus + rechnen ➜ ausrechnen.

Im **Satz** werden die Verben meistens **getrennt**:
Leon rechnet die Aufgabe aus.

Training:
Einen Berufe-Steckbrief schreiben

Kim möchte in einem Steckbrief den Beruf Bäcker vorstellen.
Sie besucht den Bäcker Klasing in seiner Backstube.

1 Lies den Text. Wende die Schritte vom Textknacker an. → Textknacker: Seite 270

Beruf: Bäcker

1 Als Bäcker gehöre ich zu den Handwerkern. Ich arbeite
2 viel mit den Händen, aber auch mit Maschinen.

3 Gerade knete ich einen Brotteig und einen Hefeteig
4 für Hörnchen. Ich backe auch Kuchen und Brötchen.

5 Ich muss die Menge der Zutaten berechnen und
6 die Zutaten wiegen. Das Mehl wiege ich
7 mit einer Mehlwaage. Andere Zutaten messe ich
8 mit einem Messbecher ab, zum Beispiel Milch.

9 Danach mische ich die Zutaten. Ich rühre oder knete
10 die Zutaten zu einem Teig. Große Mengen Teig knete ich
11 mit der Knetmaschine. Den Teig fülle ich in Backformen
12 und stelle die Backformen in den Backofen.

13 Mein Arbeitsort ist die Backstube. Dort arbeite ich
14 von Dienstag bis Samstag. Meine Arbeitszeiten und
15 Pausenzeit stehen in einem Arbeitsplan.

Arbeitsplan						
Mo	**Di**	**Mi**	**Do**	**Fr**	**Sa**	**So**
frei	Beginn: 4:00 Uhr					frei
	Pause: 8:00 Uhr – 8:30 Uhr					
	Ende: 12:00 Uhr			Ende: 13:00 Uhr		

16 Einmal in der Woche fahre ich in den Großmarkt.
17 Hier kaufe ich verschiedene Backzutaten ein.

**Du hast viel über den Beruf von Herrn Klasing erfahren.
Mit Fragen kannst du die wichtigen Informationen finden.**

2 Lest euch die Fragen ①–⑥ gegenseitig vor.
Beantwortet sie.

① Wie heißt der Beruf?
② Wo arbeitet …?
③ Von wann bis wann …?
④ Was tut …?
⑤ Welche Geräte …?
⑥ Welche Ausbildung …?

➡ Herr Klasing ist von Beruf …

3 Schreibe die Antworten zu den Fragen ①–⑥ in dein Heft.
Schreibe Sätze auf.

4 Schreibe einen Steckbrief über den Beruf Bäcker.
• Verwende deine Antworten von Aufgabe 3.
• Schreibe Stichworte auf.

Berufe-Steckbrief

1 die Berufs-
 bezeichnung
2 der Arbeitsort
3 die Arbeitszeit
4 die Tätigkeiten
5 die Arbeitsmittel
6 die Ausbildung

5 a. Überprüfe deinen Steckbrief mit einer Partnerin /
einem Partner:
• Sind die Informationen vollständig?
• Ist alles verständlich?
• Ist alles richtig geschrieben?
b. Überarbeite. Schreibe den Steckbrief ab.

Z **Du kannst eine Vorlage für Berufe-Steckbriefe
mit dem PC gestalten.**

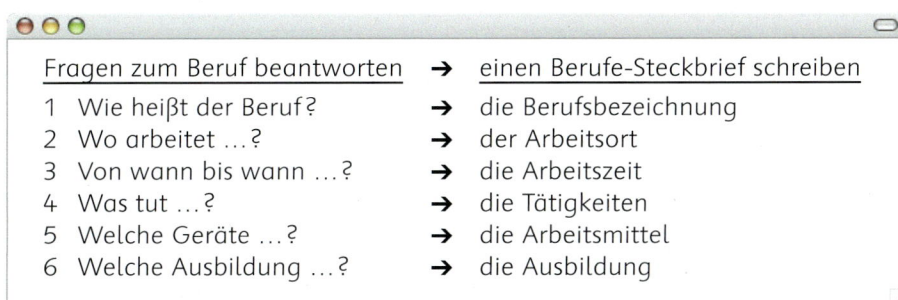

Fragen zum Beruf beantworten	→	einen Berufe-Steckbrief schreiben
1 Wie heißt der Beruf?	→	die Berufsbezeichnung
2 Wo arbeitet …?	→	der Arbeitsort
3 Von wann bis wann …?	→	die Arbeitszeit
4 Was tut …?	→	die Tätigkeiten
5 Welche Geräte …?	→	die Arbeitsmittel
6 Welche Ausbildung …?	→	die Ausbildung

z Ein Berufe-Rätsel

**Frau Winkelmann und Frau Koslowski arbeiten
an der Schule. Aber als was? Nina und Kenan haben sich
zu den Berufen der Frauen ein Rätsel ausgedacht.**

1 **a.** Seht euch die Fotos an.
b. Welche Berufe haben Frau Winkelmann und
Frau Koslowski? Begründet.

Frau Winkelmann

Frau Koslowski

2 Im Berufe-Rätsel sind die Informationen vermischt.
Lest das Berufe-Rätsel genau.

k die Köchin
s die Raumpflegerin

o in der Schulmensa
a in allen Räumen des Schulgebäudes

u montags bis freitags von 15:00 Uhr bis 18:00 Uhr
c montags bis freitags von 8:00 Uhr bis 15:00 Uhr

g die Flure kehren und wischen
h für die Schüler kochen
e die Klassenräume saugen, die Mülleimer leeren
e für jede Woche einen Speiseplan erstellen

n der Herd, die Waage, der Kochtopf und der Messbecher
n der Besen, das Putztuch, der Schrubber, der Wischlappen

👥 **3** Welche Informationen gehören zu welchem Beruf?

    a. Zeichnet eine Tabelle in euer Heft.

    b. Ordnet die Informationen den Berufen zu.
       Tipp: Wenn ihr alles richtig habt,
          ergeben sich 2 Lösungswörter.

➜ Eine Tabelle zeichnen:
Seite 275

⮕	s	die Raumpflegerin	k	die Köchin
	a	in allen Räumen des Schulgebäudes	...	

✏️ **4** Schreibe einen Steckbrief über den Beruf Raumpflegerin
in dein Heft. Verwende die Informationen von Aufgabe 3.

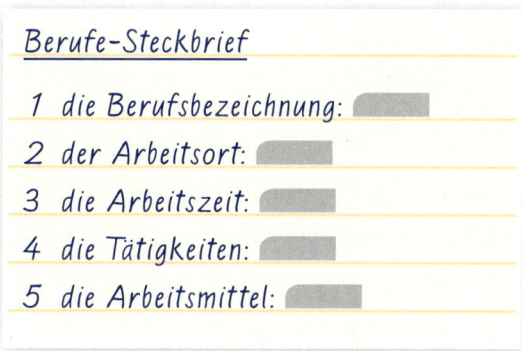

Berufe-Steckbrief

1 die Berufsbezeichnung: ▮▮▮

2 der Arbeitsort: ▮▮▮

3 die Arbeitszeit: ▮▮▮

4 die Tätigkeiten: ▮▮▮

5 die Arbeitsmittel: ▮▮▮

Z **Was arbeitet eine Malerin oder ein Fleischer?
Es gibt viele weitere Berufe.**

 der Fleischer

 der Tierpfleger

 der Busfahrer

 die Malerin

 der Maurer

 die Verkäuferin

✏️ **5** Über welchen Beruf möchtest du dich und andere
informieren?

    a. Wähle einen Beruf aus.

    b. Sammle Informationen zu diesem Beruf.

    c. Schreibe einen Berufe-Steckbrief.

⟫⟫ www.berufenet.de

Was quiekt und kracht

1 a. Schließe für eine Minute die Augen und lausche.
   b. Was kannst du hören
   • im Klassenraum?
   • draußen?

>>> Ich höre …
Dieses Geräusch ist …
Das klingt wie …
es kracht, es klopft,
es knarrt, es raschelt,
es knistert …

denn da?

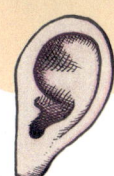

> tok-tok-tok

> uieeh

💬 **2** a. Seht euch das Bild an: Was erkennt ihr?
   b. Lest die Sprechblasen laut: Was hört ihr?

✋ **3** Macht Geräusche zu dem Bild: mit eurer Stimme,
   mit den Händen oder …

》》》 Ich sehe …
Ich erkenne …
rechts, links, oben,
unten

**In diesem Kapitel übt ihr, Geschichten mit Geräuschen
vorzutragen.**

Es tropft und donnert

Bei einem Gewitter könnt ihr viele Geräusche hören.
Diese Verse aus einem Gedicht machen das Gewitter hörbar.

📖 Gewitter   Erwin Moser

1 Blitze tollen
2 Donner rollen
3 Es plitschert und platscht
4 Es trommelt und klatscht
5 Es rauscht und klopft
6 Es braust und tropft

1 a. Lest die Verse leise.
   b. Lest die Verse betont, sodass ihr euch das Gewitter
   vorstellen könnt.

2 Tragt die Verse zu zweit vor.
   • Einer liest betont vor.
   • Der andere macht die Geräusche: mit der Stimme,
   mit den Händen oder …

3 Gestalte ein Blatt zu dem Gedicht **Gewitter**.

   a. Schreibe die Verse in die Mitte.
   Gestalte die Gewitter-Wörter besonders.
   b. Zeichne Bilder dazu. Oder finde passende Bilder.

W **4** Was ist noch alles bei einem Gewitter zu hören?
   Wählt aus:
   • Findet weitere Wörter, die zu einem Gewitter passen.
   • Oder überlegt euch Geräusche,
   die man bei einem Gewitter sonst noch hört.

   ⟫⟫ der Wind, die Wolke …

   blasen, knallen,
   krachen, zischen …

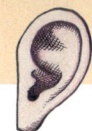

Es quiekt und faucht

Auch Tiere machen Geräusche.

u-iek-ie-iek

fch-fch-fch

rrrrrrrrrrr

rtsch-rtsch-rtsch

5 Welche Geräusche machen die Tiere?
Schreibe Sätze auf. Ergänze passende Verbformen:

1 **Das Schwein** ████.

2 **Die Katze** ████.

3 **Der Hund** ████.

4 **Die Ente** ████ **im Heu.**

>>> knurrt
quiekt
raschelt
faucht

6 Macht die Geräusche der Tiere nach.

Überall hört ihr Geräusche.
Mit Gegenständen könnt ihr Geräusche erzeugen.

 7 a. Überlegt, wie ihr mit den Gegenständen Geräusche
erzeugen könnt.
b. Probiert verschiedene Möglichkeiten aus.
c. Probiert noch andere Gegenstände aus.

Eine Geschichte mit Geräuschen vortragen

**Die folgende Geschichte könnt ihr mit Geräuschen vortragen.
Der Textknacker hilft euch, die Geschichte zu verstehen.**

1 Lies den Text. Wende die Schritte vom Textknacker an. → Textknacker: Seite 270

1. Schritt: Vor dem Lesen

2. Schritt: Das erste Lesen

3. Schritt: Den Text genau lesen

>>> 1. die Bilder
  die Überschrift
2. die Absätze
  die Schlüsselwörter
3. der ganze Text

Was quiekt und kracht in der Lesenacht?

nach Werner B. Ninte

1 Vorsichtig öffnet Karim die Schultür.
2 Kalter Regen klatscht in sein Gesicht.
3 Vor ihm liegt der dunkle Schulhof.
4 Plötzlich blitzt es am Himmel.
5 In der Ferne ist ein dumpfes Donnern zu hören.
6 Der Regen plätschert.

7 Karim setzt seine Kapuze auf.
8 Er hat sein Buch vergessen und
9 will es schnell holen.
10 Wenige Minuten später ist er zurück.
11 Der Regen rauscht in den Blättern der Bäume.

12 Was ist das? Karim erschrickt. Da quiekt doch etwas
13 ganz leise. Und es faucht noch dazu. Das Geräusch
14 wird lauter und lauter. Karim starrt mit großen Augen
15 in die Dunkelheit. Doch nichts ist zu sehen.
16 Dann knurrt es drohend. Plötzlich ist es ganz still.
17 Hastig stolpert Karim weiter zur Schule.

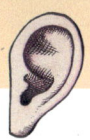

18 Da heult es laut über Karim. Und dazu raschelt es.

19 Karim läuft immer schneller. Nun knackt es auch

20 in den Büschen. Wer schleicht sich da an?

21 Und flüstert da nicht jemand?

22 Karim summt eine Melodie. Er will sich selbst Mut

23 machen. Nun knarrt und flüstert es direkt neben ihm.

24 Karim rennt. Der kurze Weg zum Schulgebäude

25 kommt ihm endlos vor.

26 Endlich kann Karim die Tür öffnen.

27 Da huscht etwas an ihm vorbei.

28 Karim traut seinen Augen nicht:

29 Im Lichtschein sieht er zwei kleine Waschbären!

30 Wie die ihn erschreckt haben!

4. Schritt: Nach dem Lesen

2 Worum geht es in der Geschichte?
Stellt euch gegenseitig Fragen und beantwortet sie.

> Wer …?
> Wo …? Wann …?
> Was passiert …?
> Wie endet …?

**Mit Tönen könnt ihr die Geschichte lebendiger machen:
mit der Stimme, mit den Händen oder mit Gegenständen.**

3 a. Überlegt, wie ihr die Schlüsselwörter hörbar macht.
b. Zeichnet die Tabelle in euer Heft.
c. Vervollständigt sie.

→ Eine Tabelle zeichnen:
Seite 275

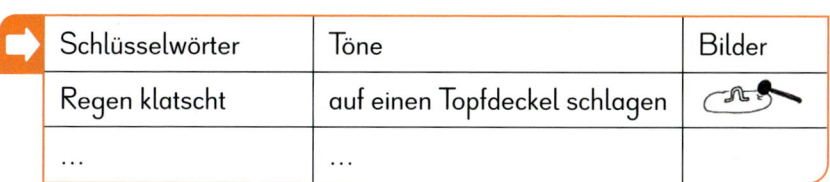

Schlüsselwörter	Töne	Bilder
Regen klatscht	auf einen Topfdeckel schlagen	
…	…	

4 a. Übt den Vortrag mehrmals.
b. Tragt die Geschichte mit Geräuschen vor.

Eine Geschichte mit Geräuschen vortragen

Die Geschichte handelt von Tönen und Geräuschen.

1 Lies den Text. Wende die Schritte vom Textknacker an. ➔ Textknacker: Seite 270

📖 Um Mitternacht

1 Im Schloss schlägt die Uhr 12. Es ist still.

2 Doch ... psst ... da ist doch etwas!

3 Kann es sein, dass ein Sargdeckel knarrt?

4 Leise klettert der Geist Monsterzahn aus seinem Sarg.

5 Er gähnt. Er huscht leise die Treppe hinauf.

6 Dann rast Monsterzahn über den Flur.

7 Er raschelt mit seinen Kleidern.

8 Der Wind heult durch das ganze Schloss.

9 Ein Fenster schlägt auf und zu. Die Scheibe klirrt.

10 Eine Tür knallt laut zu. Da klopft jemand

11 siebenmal an das Tor. Aber das Tor bleibt zu.

12 Draußen regnet es dicke Regentropfen.

13 Der Wind stürmt. Die Wölfe heulen.

14 Alle Geister machen großen Lärm und toben herum.

15 Monsterzahn rennt hinter Drachenschreck her.

16 Da! Drachenschreck stolpert. Er schreit.

17 Alle Geister huschen schnell weg. Sie klettern

18 zurück in ihre Särge. Die Deckel knallen zu.

19 Die Uhr schlägt 1. Es ist wieder still im Schloss.

 **2** a. Überlegt, wie ihr die Schlüsselwörter hörbar macht.
b. Zeichnet eine Tabelle in euer Heft.
c. Vervollständigt sie.

➔ Eine Tabelle zeichnen: Seite 275

Schlüsselwörter	Töne	Bilder
...	...	

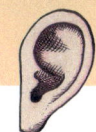

Ihr könnt die Geschichte mit Geräuschen vortragen.
Dazu könnt ihr eine Vorlesestunde planen, durchführen
und auswerten.

3 **Das Vortragen vorbereiten:**

    a. Verteilt die Aufgaben.
       • Jeder übernimmt verschiedene Geräusche.
       • Lest abwechselnd vor.
    b. Übt den Vortrag mehrmals.

4 **Das Zuhören vorbereiten:**

    a. Worauf wollt ihr als Zuhörer achten?
       Sammelt Stichworte.
    b. Schreibt einen Beobachtungsbogen.

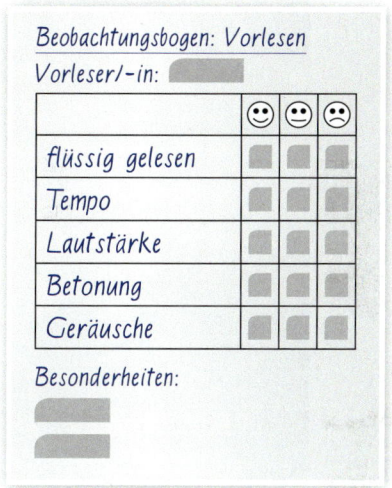

5 **Gut vortragen:**
    • Stellt euch gerade vor die Klasse oder
      lest die Geschichte an eurem Platz.
    • Lest laut und deutlich.
    • Seht die Zuhörer hin und wieder an.
    • Macht an den passenden Stellen eure Geräusche.

6 **Aufmerksam zuhören:**
    • Seht die Vorleser an.
    • Hört aufmerksam zu.
    • Füllt den Beobachtungsbogen aus.

7 **Das Vortragen auswerten:**
    • Verwendet euren Beobachtungsbogen.
    • Was war gut?
    • Was könnte man noch besser machen?
      Gebt Tipps.

Wir bauen eine Klangwand

Diese **Klangwand** steht in einem großen Garten.

An der Klangwand hängen **Gegenstände**.
Menschen, die vorbeikommen, **machen Musik** damit.
Sie hängen auch weitere Gegenstände dazu.
Die Idee hatte der Künstler Bernd Maretsch.
Sonst baute er Musikinstrumente.

 1 Was würdet ihr noch an die Klangwand hängen?
Findet Gegenstände.

 2 Wie bringt ihr die Gegenstände zum Klingen?
Probiert es aus.

>>> hämmern, klimpern, klopfen, kratzen, pusten, reiben, rütteln, schlagen, schütteln …

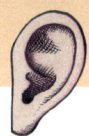

Ihr könnt selbst eine Klangwand bauen.
Die Bilder zeigen, wie das geht.

 3 **a.** Seht euch die Bilder an.
  b. Beschreibt die einzelnen Arbeitsschritte.

➡️ Ich brauche zwei …, eine … und …
Zum Aufhängen brauche ich … und …
Ich stelle zuerst …
Dann befestige ich …
Zum Schluss …

》》》 Tische, Stange,
klingende Gegenstände,
Klebeband, Schnur,
die Tische,
verkehrt herum,
Tischbeine,
Gegenstände,
anhängen …

 4 Baut eine Klangwand.

✏️ **5** Schreibe eine Bauanleitung.
  Schreibe die vollständigen Sätze in dein Heft.

1 Ich �▬ zuerst einen Tisch verkehrt herum

2 auf einen anderen Tisch.

3 Dann ▬ ich eine Stange an den Tischbeinen

4 vom oberen Tisch.

5 Zum Schluss ▬ ich Gegenstände an die Stange.

6 Dafür ▬ ich Klebeband und Schnur.

》》》 stelle
befestige
hänge
benutze

Bellt oder fiept die Maus?

Jedes Tier macht ein Geräusch. Aber welches?

📖 **Manchmal**   Jürgen Spohn

1   An manchen Tagen
2   geht nichts zusammen:
3   Da bellt die Maus.
4   Da kräht der Frosch.
5   Da muht das Schwein.
6   Da fiept der Hund.
7   Da quakt der Hahn.
8   Da quiekt das Huhn.
9   Da miaut die Ziege.
10 Da meckert die Meise.
11 Da gackert die Katze.
12 Da zwitschert die Kuh.

👄 **1** Lest das Gedicht vor.
Ahmt die Tier-Geräusche nach.

Da bellt die Maus? Das stimmt doch nicht!

💬✏️ **2** a. Ordnet den Tieren die passenden Geräusche zu.
b. Schreibt das Gedicht richtig auf.

✏️ **3** Schreibe das Gedicht von Aufgabe 2 um.
Schreibe so, dass es immer mehrere Tiere sind.
Verwende Nomen (Namenwörter) in der Mehrzahl.
Tipp: Verändere auch die Verben (Tunwörter).

⟩⟩⟩ die Frösche, die Hähne,
die Hühner, die Hunde,
die Katzen, die Kühe,
die Mäuse, die Meisen,
die Schweine,
die Ziegen

➡️ …
Da bellen die Hunde.
Da krähen die …

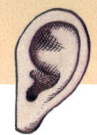

Welche Tiere kennst du noch?

 4 Nenne noch mehr Tiere und ihre Geräusche.
Schreibe sie in der Einzahl (Singular) und
in der Mehrzahl (Plural) auf.
Tipp: Du kannst ein Lexikon oder ein Wörterbuch
verwenden.

>>> das Küken, das Pferd,
die Biene, die Gans,
die Grille …
piepst, schnattert,
summt, wiehert, zirpt …

➡ das Küken piept – die Küken piepen
…

 5 Schreibe ein eigenes **Manchmal**-Gedicht.
• Verwende dein Ergebnis aus Aufgabe 4.
• Schreibe in der Einzahl oder in der Mehrzahl auf.
• Mixe die Tiere und ihre Geräusche.

➡ Manchmal
An manchen Tagen
geht nichts zusammen:
Da wiehert das Küken.
Da schnattert …

➡ Manchmal
…
…
Da wiehern die Küken.
Da schnattern …

 6 Lest eure eigenen Gedichte in der Klasse vor.

! Bei den meisten **Nomen** (Namenwörtern) können wir
die **Einzahl** (Singular) und die **Mehrzahl** (Plural) bilden.
Das Verb (Tunwort) richtet sich nach dem Nomen:

der Hund bellt – die Hunde bellen

Training: Eine Geschichte mit Geräuschen vortragen

Alfons erzählt von einem unheimlichen Erlebnis.
Der Textknacker hilft dir, die Geschichte zu verstehen.

1. Schritt: Vor dem Lesen

1 a. Sieh dir die Bilder an.
b. Lies die Überschrift.

2. Schritt: Das erste Lesen

2 a. Zähle die Absätze.
b. Lies die hervorgehobenen Schlüsselwörter.

3. Schritt: Den Text genau lesen

3 Lies die Geschichte – Absatz für Absatz.

nach Gerhard Holtz-Baumert

Mein Erlebnis in der Gespensterbahn

1 Mein Freund Erwin und ich gehen auf den Jahrmarkt.
2 Wir wollen mit der Gespensterbahn fahren.
3 Der Mann an der Kasse sagt: „Kommen Sie rein,
4 hier werden Sie das Klappern Ihrer Zähne hören,
5 hier werden Sie zittern wie Hunde im Winter."

6 Erwin und ich steigen in einen Wagen.
7 Der Wagen macht einen Ruck und wir fahren ins Dunkel.
8 Überall heult und jault es.
9 Wir sausen unter einer riesigen Eule durch.
10 Wir knallen gegen ein paar Türen.
11 Da erscheint plötzlich ein Gespenst.
12 „Raus", schreit Erwin, „weg von hier!"
13 Aber wir können nicht aus dem Wagen steigen.

14 Lange zittrige Finger fahren über unser Gesicht.

15 Dann schlägt ein Blitz neben uns ein. Donner rollt.

16 Die Fahrt wird auf einmal langsamer.

17 Erwin und ich wollen gerade aufatmen.

18 Da entdecken wir in der Ecke ein Gerippe.

19 Es winkt uns zu. Wir fahren immer näher.

20 Ich springe auf und schreie: „Ich kann nicht mehr …"

21 Da macht der Wagen einen Ruck und

22 ich liege auf dem kalten Sand.

23 Ich bin in der Gespensterbude allein.

24 Als ich wieder stehe, saust ein neuer Wagen vorbei und

25 eine Frauenstimme ruft: „Ewald, schon wieder

26 ein Gespenst!" Die meint wohl mich.

4. Schritt: Nach dem Lesen

 4 **a.** Woran merkt ihr, dass Alfons und Erwin Angst haben?
Lest die passenden Textstellen vor.
Tipp: Die Schlüsselwörter helfen euch.
b. Wen hält die Frau am Ende für ein Gespenst? Begründet.

Ihr könnt zu zweit die Geschichte spannend vortragen.

5 Wie sprechen die Personen? Lest betont vor.
Tipp: Ihr könnt schreien, flüstern, rufen …

>>> Zeile 3–5
Zeile 12
Zeile 20
Zeile 25–26

6 **a.** Überlegt, wie ihr die Schlüsselwörter
hörbar macht.
b. Zeichnet eine Tabelle in euer Heft.
c. Vervollständigt sie.

Schlüssel-wörter	Töne	Bilder
Klappern der Zähne	mit 1 Stift auf den Tisch trommeln	…

7 **a.** Übt den Vortrag mehrmals.
b. Tragt die Geschichte mit Geräuschen vor.

Die Welt der Bücher

💬 **1** a. Seht euch die Bilder auf den Büchern an.
b. Welche Bilder machen euch neugierig? Begründet.
c. Worum könnte es in den Büchern gehen? Vermutet.

➡️ In dem Buch erfahre ich bestimmt etwas über …
Ich glaube, in dem Buch geht es um …

💬 **2** a. Lest die Buchtitel.
b. Welche Bücher möchtet ihr vielleicht lesen? Begründet.

➡️ Mich interessiert das Buch …, weil …

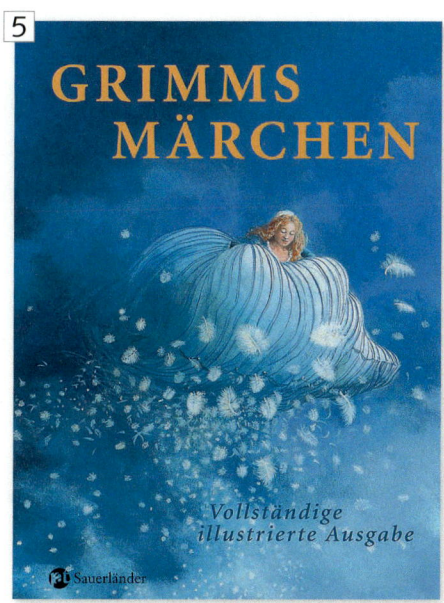

5

GRIMMS MÄRCHEN

*Vollständige
illustrierte Ausgabe*

Sauerländer

6

BIBI DUMON TAK

Mit Zeichnungen von
FLEUR VAN DER WEEL

KUCKUCK, KRAKE,
KAKERLAKE
Das etwas andere Tierbuch

7

DIE WILDEN HÜHNER

Cornelia Funke

DRESSLER

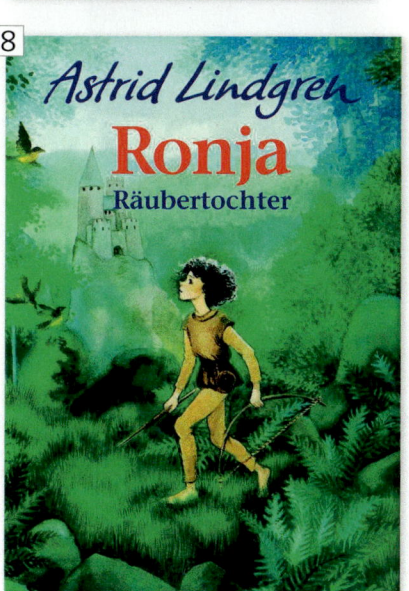

8

Astrid Lindgren
Ronja
Räubertochter

**In diesem Kapitel lernt ihr verschiedene Bücher kennen.
In einer Lesemappe könnt ihr Informationen
zu einem Buch sammeln.**

  3 Lege eine Lesemappe an.
Schreibe deinen Namen auf die Lesemappe.

Das Buchcover

**Das Bild auf dem Buchcover verrät euch etwas über das Buch.
Der Buchtitel sagt euch etwas über das Thema.**

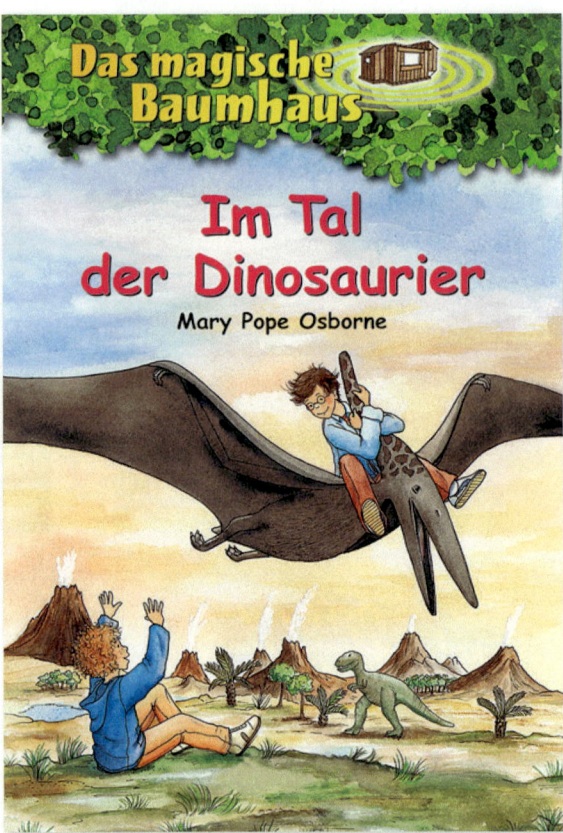

💬 **1** a. Seht euch die Bilder auf den Buchcovern an.
     b. Worum könnte es in den Büchern gehen? Vermutet.

> ➡️ Ich denke, dass …
> Mich interessiert vor allem, ob …

💬 **2** a. Lest die Buchtitel.
     b. Was ist das Thema der Bücher? Vermutet.

Der Klappentext

Viele Bücher haben auf der Rückseite einen Klappentext.
Der Klappentext erzählt kurz, worum es in dem Buch geht.
Die folgenden Texte könnten dort stehen.

1

Philipp und Anne entdecken
ein Baumhaus im Wald.
Gespannt klettern sie über
die lange Strickleiter nach oben.
Doch plötzlich beginnt sich
das Baumhaus zu drehen.
Dann ist alles still.
Aber Philipp und Anne sind auf
einmal im Tal der Dinosaurier …

2

Ronja ist eine Räubertochter.
Sie lebt in der Mattisburg.
Ronja freundet sich
mit dem Räubersohn Birk an.
Doch das darf niemand wissen.
Eines Tages wird Birk
gefangen genommen …

3 Ordnet die Texte den Buchcovern auf Seite 102 zu.

4 a. Was erfahrt ihr über den Inhalt der Bücher?
b. Überprüft eure Vermutungen aus Aufgabe 1 und 2.

5 a. Welches der beiden Bücher möchtest du vielleicht
lesen? Wähle aus.
b. Worüber informiert das **Buchcover**?
Schreibe den Buchtitel auf ein Blatt.
c. Was erzählt der **Klappentext**? Schreibe kurz auf.
d. Warum interessiert dich das Buch? Begründe.

6 Hefte das Blatt in deine Lesemappe.

W **7** Welches Buch interessiert dich? Wähle aus:
• Bearbeite Seite 104–105 zu **Im Tal der Dinosaurier**.
• Oder bearbeite Seite 106–107 zu **Ronja Räubertochter**.

Einen Buchausschnitt lesen (1)

**Einen ersten Eindruck von dem Buch bekommst du,
wenn du einen Ausschnitt liest.**

1 Lies den Buchausschnitt.
Wende die Schritte vom Textknacker an.
→ Textknacker: Seite 270

📖 Das magische Baumhaus:
Im Tal der Dinosaurier   nach Mary Pope Osborne

1 Philipp verließ den Weg und ging mitten in den Wald.
2 Die Bäume leuchteten im Licht der untergehenden Sonne.
3 „Hierher!", rief Anne und deutete auf eine Strickleiter.
4 Die Strickleiter führte hoch in die Baumkrone.
5 Und dort war ein Baumhaus. „Das ist bestimmt
6 das höchste Baumhaus der Welt!", meinte Anne.

7 Philipp und Anne stiegen zu dem Baumhaus hinauf.
8 Es war voller Bücher. „Schau, hier ist ein Buch für dich!"
9 Anne hielt ein Buch über Dinosaurier hoch.
10 Da war das Bild eines fliegenden Sauriers,
11 eines Pteranodons[1]. „Oh, Mann!", flüsterte Philipp.
12 „Ich wünschte, ich könnte so einen Saurier mal
13 in Wirklichkeit sehen."

14 Philipp sah aus dem Fenster.
15 Dann blickte er auf das Bild in dem Buch.
16 Die Welt draußen vor dem Fenster und
17 die auf dem Bild im Buch sahen absolut gleich aus.
18 Das Pteranodon segelte über den Himmel. Der Boden
19 war mit riesigen Farnen[2] und hohen Gräsern bewachsen.
20 Ein Fluss schlängelte sich durch die Landschaft,
21 Philipp sah einen Hügel und in der Ferne Vulkane[3]…

[1] **das Pteranodon**: ein fliegender Saurier. Er lebte in der Kreidezeit.
[2] **der Farn**: eine Pflanze, die im Wald wächst
[3] **der Vulkan**: ein Berg, aus dem heiße Flüssigkeit strömt

2 **a. Wer** sind die Hauptpersonen?
Schreibe die Namen auf ein Blatt.

W **b.** Wie stellst du dir die Hauptpersonen vor?
Wähle aus:
- Beschreibe das Aussehen der Personen.
- Oder zeichne die Personen.

3 **a. Wo** spielt die Geschichte?
Schreibe den Ort der Geschichte auf.

W **b.** Wie sieht das magische Baumhaus aus?
Wähle aus:
- Beschreibe das Baumhaus.
- Oder zeichne das Baumhaus.

  c. Warum ist das Baumhaus magisch?
Erkläre. Schreibe auf.

Die Geschichte spielt ...
Der Ort ist ...
Das Besondere an
diesem Ort ist, dass ...

4 **Wann** spielt die Geschichte?
Schreibe auf, was du darüber erfährst.

Die Geschichte spielt ...

Z **5** Welche Textstelle hat dir besonders gefallen?

  a. Wähle aus.
  b. Schreibe auf, was in der Textstelle passiert.
  c. Begründe deine Auswahl.

Mir gefällt die
Textstelle ...
Das passiert: ...
Ich habe die Textstelle
gewählt, weil ...

Z **6** • Was hat dir beim Lesen gut gefallen?
  • Was hat dir nicht so gut gefallen?
Begründe.

7 Möchtest du das Buch gern lesen?
Begründe.

8 Hefte deine Ergebnisse von Aufgabe 2–7
in deine Lesemappe.

**Was Anne und Philipp noch erleben,
kannst du in dem Buch Im Tal der Dinosaurier lesen.**

Einen Buchausschnitt lesen (2)

**Einen ersten Eindruck von dem Buch bekommst du,
wenn du einen Ausschnitt liest.**

1 Lies den Buchausschnitt.
Wende die Schritte vom Textknacker an.

→ Textknacker: Seite 270

 Ronja Räubertochter   nach Astrid Lindgren

1 Über Nacht war Schnee gefallen. [...]
2 Ronja schoss[1] den Hang hinab. Plötzlich gab es
3 eine Vertiefung in der Schneedecke.
4 Ronja flog darüber hinweg.
5 Doch mitten im Flug verlor sie einen Ski.
6 Ihr Fuß brach bei der Landung in die Schneedecke ein.

7 Ronja steckte bis zum Knie fest. Sie sah noch,
8 wie ihr Ski den steilen Hang hinunterrutschte.
9 Zuerst lachte sie darüber. Doch das Lachen verging
10 ihr bald. Sie bekam ihren Fuß nicht mehr frei.
11 Wie sehr sie auch zog, es half nichts.

12 Ronja sah die dunklen Wolken über dem Wald.
13 Es würde gewiss noch mehr Schnee fallen.
14 Sie musste etwas tun!
15 „Hilfe!" Ronja schrie so laut sie nur konnte.
16 Doch wer sollte sie hier hören? Es war totenstill.
17 Ein eiskalter Wind wehte. Ronja lag reglos da.
18 Große Schneeflocken fielen vom Himmel.

19 Da hörte Ronja, wie jemand ihren Namen rief.
20 Das konnte nur ein Traum sein.
21 „Ronja, willst du denn nicht nach Hause?"
22 Mühsam öffnete sie die Augen. Vor ihr stand Birk.
23 „Ich hab da unten deinen Ski gefunden.
24 Du brauchst wohl Hilfe?"

[1] sie schoss: Sie fuhr sehr schnell.

2 a. **Wer** sind die Hauptpersonen?
Schreibe die Namen auf ein Blatt.

W b. Wie stellst du dir die Hauptpersonen vor?
Wähle aus:
  • Beschreibe das Aussehen der Personen.
  • Oder zeichne die Personen.

3 a. **Wo** spielt die Geschichte?
Schreibe den Ort der Geschichte auf.

W b. Wie sieht der Ort aus?
Wähle aus:
  • Beschreibe den Ort.
  • Oder zeichne den Ort.

Die Geschichte spielt …
Der Ort ist …
Das Besondere an diesem Ort ist, dass …

4 **Wann** spielt die Geschichte?
Schreibe auf, was du darüber erfährst.

Die Geschichte spielt …

Z **5** Welche Textstelle hat dir besonders gefallen?

  a. Wähle aus.
  b. Schreibe auf, was in der Textstelle passiert.
  c. Begründe deine Auswahl.

Mir gefällt die Textstelle …
Das passiert: …
Ich habe die Textstelle gewählt, weil …

Z **6** • Was hat dir beim Lesen gut gefallen?
• Was hat dir nicht so gut gefallen?
Begründe.

7 Möchtest du das Buch gern lesen?
Begründe.

8 Hefte deine Ergebnisse von Aufgabe 2–7
in deine Lesemappe.

**Ob Ronja und Birk Freunde werden,
kannst du in dem Buch Ronja Räubertochter lesen.**

Eine Lesemappe anlegen

**Du hast erste Informationen über ein Buch für
die Lesemappe aufgeschrieben. Zu deiner Lesemappe
gehören auch ein Inhaltsverzeichnis und ein Deckblatt.**

1 In welcher Reihenfolge möchtest du
deine Blätter in der Lesemappe ordnen?

    a. Nummeriere.
    b. Schreibe ein Inhaltsverzeichnis.
       • Schreibe in Schönschrift.
       • Zeichne Bilder.
       • Verziere einzelne Buchstaben.

2 Gestalte zum Schluss ein schönes Deckblatt
passend zum Buch.
Schreibe auch deinen Namen darauf.

**Du hast eine Lesemappe gestaltet.
Du kannst über deine eigene Arbeit nachdenken.**

W **3** Worüber möchtest du nachdenken?
Wähle 3 Punkte aus:
    • Das ist mir gut gelungen.
    • Das war leicht für mich.
    • Das ist mir schwergefallen.
    • Dabei brauche ich noch Hilfe.
    • Das möchte ich verbessern.

4 **a.** Schreibe deine 3 gewählten Punkte auf ein Blatt.
    b. Sieh dir deine Lesemappe an.
    c. Schreibe zu den gewählten Punkten etwas auf.
    d. Sprich mit deiner Lehrerin oder deinem Lehrer darüber.

Ein Buch vorstellen

Wenn du ein Buch gelesen hast, kannst du es in der Klasse vorstellen.

1 Bereite deine Buchvorstellung vor.

    a. Lege dir deine Lesemappe und das Buch bereit.

    b. Schreibe die wesentlichen Informationen auf.

       • Wie heißt der **Titel**? Wie heißt der **Autor**?

       • Wer sind die **Hauptpersonen**?

       • **Wo** und **wann** spielt die Geschichte?

       • **Was** passiert?

    c. Schreibe auf, **was** dir an dem Buch **gefällt**.

    d. Wähle einen **Buchausschnitt zum Vorlesen** aus.

→ Stichworte aufschreiben:
Seite 274

> *Meine Buchvorstellung*
>
> *der Titel: …*
> *der Autor: …*
> *…*

2 Übe deine Buchvorstellung.
Beachte dabei die Arbeitstechnik **Ein Buch vorstellen**.

⚙ Arbeitstechnik

Ein Buch vorstellen

• Zeige den Zuhörern das **Buchcover**.
• Nenne den **Titel** und den **Autor**.
• Stelle die **Hauptpersonen** vor: Wer?
• Erzähle kurz etwas über den **Inhalt**: Wo? Wann? Was?
• Erkläre, **warum** dir das Buch **gefällt**.
• Lies einen **Buchausschnitt** vor.

➡ Ich möchte euch mein Buch vorstellen. Es hat den Titel …
Der Autor/Die Autorin heißt …
Die Hauptpersonen sind …
In dem Buch geht es um …
Mir gefällt, dass …

3 Stelle dein Buch in der Klasse vor.

4 Wertet die Buchvorstellung gemeinsam aus:
• Welche Fragen habt ihr noch?
• Würdet ihr das Buch gern lesen?

Ein Jugendbuch auswählen

Möchtest du dieses Buch lesen?
Finde es selbstständig heraus.

„Abenteuer kann man doch nicht
planen wie Ballett oder so was.
Die warten um die Ecke und
– zack! – plötzlich sind sie da!",
erklärt Sprotte ihren Freundinnen.
Tatsächlich lässt das erste
Abenteuer für ihre Mädchenbande
DIE WILDEN HÜHNER
nicht lange auf sich warten.
Denn DIE PYGMÄEN, vier Jungs
aus ihrer Klasse, lassen nach
einem Streit die Hühner
von Sprottes Oma frei.
Das schreit natürlich nach Rache.

1 **a.** Sieh dir das **Buchcover** an.
- Was zeigt das Bild?
- Wie heißt der Buchtitel?
- Wie heißt die Autorin?

b. Schreibe die Antworten auf ein Blatt.

2 **a.** Lies den **Klappentext**.
- Was erfährst du über den Inhalt?

b. Schreibe die Antwort auf dein Blatt.

Einen ersten Eindruck von dem Buch bekommst du, wenn du einen Ausschnitt liest.

 Die wilden Hühner nach Cornelia Funke

1 Es war ein wunderbarer Tag. Aber leider ein Montag.
2 Die Uhr über dem Schuleingang zeigte schon
3 Viertel nach acht, als Sprotte auf den Schulhof kam.
4 „Mist!", sagte sie.
5 Sie stellte ihr Rad in den Fahrradständer
6 und zerrte die Schultasche vom Gepäckträger.
7 Dann stürmte sie die Treppe rauf und
8 rannte durch die menschenleere Pausenhalle.
9 Auf der Treppe raste sie fast in den Hausmeister hinein.
10 „Entschuldigung!", murmelte Sprotte –
11 und stürmte weiter. Noch zwei Flure entlang,
12 dann stand sie japsend¹ vor ihrer Klassentür.
13 Im Klassenzimmer war es ganz still.
14 Wie immer bei Frau Rose.
15 Sprotte schnappte noch einmal nach Luft,
16 klopfte und öffnete die Tür.
17 „Entschuldigung, Frau Rose", sagte sie,
18 „ich musste noch die Hühner füttern."

¹ **japsend:** außer Atem, abgehetzt

 3 **a.** Lies den Buchausschnitt.

• **Wer** ist die Hauptperson?
• **Wo** und **wann** spielt die Geschichte?
• **Was** geschieht?
b. Schreibe die Antworten auf dein Blatt.

 4 Möchtest du das Buch gern lesen?
Begründe.

Was alles fand der Bücherwurm?

**Auf seiner Reise durch das Bücherland
fand der Bücherwurm[1] sieben Sachen.
Du kannst sie in diesem Gedicht finden.**

[1] der Bücherwurm: jemand, der gern und viel liest

📖 Der Bücherwurm Şule Aslan

1 Ein kleiner, schlauer Bücherwurm
2 kroch auf einen Bücherturm.
3 Er reiste durch das Bücherland,
4 wo er sieben Sachen fand:
5 Einen spannenden Krimi,
6 ein buntes Bilderbuch,
7 eine gruselige Fantasie-Geschichte,
8 einen aufregenden Abenteuer-Roman,
9 einen lustigen Comic,
10 ein blaues Heft
11 und einen roten Füller.

📖 **1** Welche sieben Sachen fand der Bücherwurm?

   a. Lies das Gedicht mehrmals.
   b. Versuche, dir die sieben Sachen zu merken.

👥 **2** a. Deckt das Gedicht ab.
   b. Sagt euch die sieben Sachen gegenseitig auf.

✏️ **3** a. Schreibe die sieben Sachen in einem Satz auf.
   b. Markiere die Adjektive farbig.

➡️ Der Bücherwurm fand einen spannenden Krimi, …

W 🖊 **4** Welche Gegenstände findet der Bücherwurm noch?

a. Schreibe Sätze in dein Heft.
   Beschreibe dabei jeden Gegenstand
   mit einem Adjektiv genauer. Wähle aus:
   • Verwende die Satzschalttafel.
   • Oder finde eigene Gegenstände.
b. Markiere die Adjektive farbig.

Der Bücherwurm Er	findet entdeckt	einen	alten großen …	Fußball. Regenschirm. …
		ein	hübsches lustiges …	Foto. Lineal. …
		eine	winzige bunte …	Perle. Socke. …

Z 🖊 **5** Schreibe ein eigenes Gedicht.
Verwende deine Ergebnisse aus Aufgabe 4.

> …
> Einen großen Regenschirm,
> ein lustiges Foto,
> …

Z 👄 **6** Lest eure eigenen Gedichte in der Klasse vor.

! **Adjektive** (Wiewörter) **beschreiben** Nomen genauer.
Sie können **zwischen Artikel und Nomen** stehen:

Der Bücherwurm fand einen alten Roman,
ein verstaubtes Buch, eine gruselige Geschichte.

Training:
Wir gehen in die Bücherei

Jonas und Alina gehen in die Bücherei.

💬 **1** Seht euch das Bild an.
- Was könnt ihr in der Bücherei entdecken?
- Welche Abteilungen gibt es?

> Abteilungen für:
> Hörbücher,
> ⟫ Jugendbücher,
> Sachbücher …

💬 **2** Was könnt ihr außer Büchern
alles in einer Bücherei ausleihen?

> ⟫ Comics, Spiele, CDs …

💬 **3** **a.** Welche Abteilungen interessieren euch besonders?
Begründet.
b. Was würdet ihr gern ausleihen? Sammelt an der Tafel.

**Jonas und Alina gehen in die Jugendbuch-Abteilung.
Dort stehen die Bücher in Regalen.
Die Bücher sind geordnet.**

4 Wie sind die Bücher im Regal geordnet?
Schreibe untereinander auf.

➡ Tiere …

5 Wo im Regal stehen die folgenden Bücher?

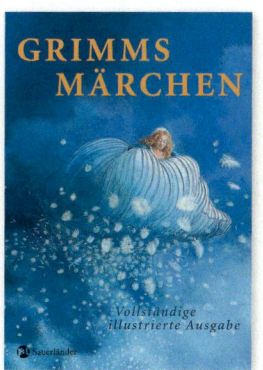

Ergänze die Buchtitel bei deinem Ergebnis von Aufgabe 4.

➡ Tiere: Kuckuck, Krake, Kakerlake

In der Bücherei gibt es einen Computer.
Damit kannst du Bücher suchen.

Jonas gibt in das Suchfeld Harry Potter ein.
Hier siehst du das Ergebnis.

Titel: Harry Potter und der Stein der Weisen	**Band:** 1
Autor/-in: Joanne K. Rowling	Jahr: 1998
	Dieser Titel ist vorhanden.
Titel: Harry Potter und die Kammer des Schreckens	**Band:** 2
Autor/-in: Joanne K. Rowling	Jahr: 1998
	Dieser Titel ist verliehen.
Titel: Harry Potter und der Feuerkelch	**Band:** 4
Autor/-in: Joanne K. Rowling	Jahr: 2000
	Dieser Titel ist vorhanden.

 1 a. Lies das Suchergebnis.
- Wie heißt Band 1?
- Wie heißt die Autorin?
- Welcher Band ist verliehen?
  Welche Bände sind vorhanden?

b. Kann Jonas Band 1 ausleihen? Begründe.

Alina möchte lieber ein spannendes Hörbuch ausleihen.
Sie gibt in das Suchfeld Hörbuch + Abenteuer ein.

Titel: Das Rennen zum Südpol (Audio-CD)	
Autor/-in: Arved Fuchs	Dieser Titel ist vorhanden.
Titel: Die drei ??? In der Geisterstadt (Hörkassette)	
Autor/-in: Ulf Blanck	Dieser Titel ist vorhanden.
Titel: Fear Street 01. Falsch verbunden … (Audio-CD)	
Autor/-in: R. L. Stine	Dieser Titel ist verliehen.

 2 a. Lies das Suchergebnis.
- Welche 3 Hörbücher werden angezeigt?

b. Welches Hörbuch möchtest du hören? Begründe.

**Jedes Buch in der Bücherei hat eine Kennzeichnung aus Buchstaben und Zahlen.
Diese Kennzeichnung nennen wir Signatur.**

 3 Welche Signaturen haben die folgenden Bücher?

> **Titel:** Weltgeschichte
> Autor/-in: Manfred Mai
> Signatur: G 200 Mai
>
> **Titel: Beinhart, die Steinzeit**
> Autor/-in: Terry Deary
> Signatur: G 210 Dear

**Die beiden Bücher stehen in der Abteilung Geschichte.
Das erkennst du an der Signatur: G steht für Geschichte.**

4 a. Seht euch das Foto und die Signaturen an.

G 200 Weltgeschichte

b. Welche Signatur könnt ihr entdecken:
G 200 Mai oder **G 210 Dear**?

c. Wie heißt das Buch mit der Signatur **G 200 Nase**?

z **5** Erkundet eine Bücherei in eurer Nähe.
- Wo ist die Jugendbuch-Abteilung?
- Wie sind die Bücher geordnet?
- Wie sind die Signaturen aufgebaut?
- Was kostet eine Mitgliedskarte für Schüler?

Computer, Handy und CD

ein Laptop/ein Computer

ein Buch

ein Fernseher

ein E-Book-Reader

eine CD

ein MP3-Player

ein Handy

Das Bild zeigt verschiedene Geräte und Gegenstände.

 1
- Welche Geräte und Gegenstände kennt ihr?
- Was könnt ihr damit alles machen?

**Wir sprechen meist von Medien statt von Geräten und
Gegenständen. Medien begleiten uns jeden Tag und überall.
Mit manchen Medien können wir uns verständigen.
Mit manchen können wir uns informieren.**

Mit Medien können wir viele verschiedene Dinge tun.
In dem Cluster sind schon einige Gedanken gesammelt.

88 ✎ **2** Was könnt ihr mit einem Handy alles tun?
Sammelt eure Ideen in einem Cluster.
Beachtet dabei die Arbeitstechnik **Der Cluster**.

> ⚙ **Arbeitstechnik**
>
> **Der Cluster**
>
> - Ich nehme ein **Blatt** Papier.
> - Ich schreibe in die Mitte das **Thema**.
>   Ich **kreise** das Thema **ein**.
> - Ich schreibe meine **Ideen** zum Thema rundherum.
>   Ich **kreise** jede Idee **ein**.
> - Ich **verbinde** die Ideen **durch einen Strich**
>   mit dem Thema in der Mitte.

88 ✎ **3** **a.** Zeichnet den Cluster auf eine Folie.
b. Stellt den Cluster der Klasse vor.

💬 **4** • Welche Medien nutzt ihr besonders **gern**? Wofür?
• Welche Medien nutzt ihr besonders **häufig**? Begründet.

Moderne Medien vergleichen

Geschichten könnt ihr lesen oder hören.
Mit den modernen Medien könnt ihr wählen, wie und wo.

1 a. Welche Medien sind dargestellt? Benennt.
   b. Mit welchen Medien könnt ihr lesen?
      Mit welchen könnt ihr hören?
   c. Welche anderen Medien zum Lesen oder Hören
      kennt ihr noch?

>>> ein Buch, eine CD,
ein Smartphone,
ein MP3-Player,
ein E-Book-Reader,
ein Laptop/ein Computer

2 a. Welche Medien habt ihr schon zum Lesen oder Hören
      genutzt?
   b. Wo habt ihr diese Medien genutzt?
   c. Was war gut? Was hat euch gestört?

3 a. Wählt ein Medium aus.
   b. Beantwortet die folgenden Fragen.
      • Was könnt ihr damit tun?
      • Wo könnt ihr es nutzen?
      • Was findet ihr gut daran?
      • Was findet ihr nicht so gut?

Medien bereichern unser Leben.
Medien haben viele Vorteile,
manche aber auch Nachteile.

4 Welche Vorteile und Nachteile
nennen die Schülerinnen und Schüler?
Lest euch die Sprechblasen gegenseitig vor.

5 Welche Vorteile und Nachteile passen
zu eurem ausgewählten Medium von Aufgabe 3?

    a. Zeichnet eine Tabelle in euer Heft.
    b. Schreibt passende Vorteile und Nachteile auf.
    c. Findet selbst weitere Vorteile und Nachteile.

➜ Eine Tabelle zeichnen:
Seite 275

Vorteile	Nachteile
...	...

Ihr könnt eure Arbeitsergebnisse präsentieren,
zum Beispiel auf einer Folie oder auf einem Plakat.

Chatten: Sich im Internet unterhalten

Maria und ihre Freundin Roxana chatten miteinander: Sie unterhalten sich im Internet. Dabei verwenden sie eine besondere Sprache.

> Mir geht es gut.
> Ich habe gute Laune.
> Und wie geht es dir?
> Ich freue mich,
> dich zu sehen, und
> umarme dich.

1 a. Seht euch das Bild an.

b. Was möchte Roxana mitteilen? Lest die Gedankenblase.

c. Wie schreibt sie es im Chat?
Lest den Text auf dem Bildschirm.

Hier seht ihr den vollständigen Chat von Maria und Roxana:

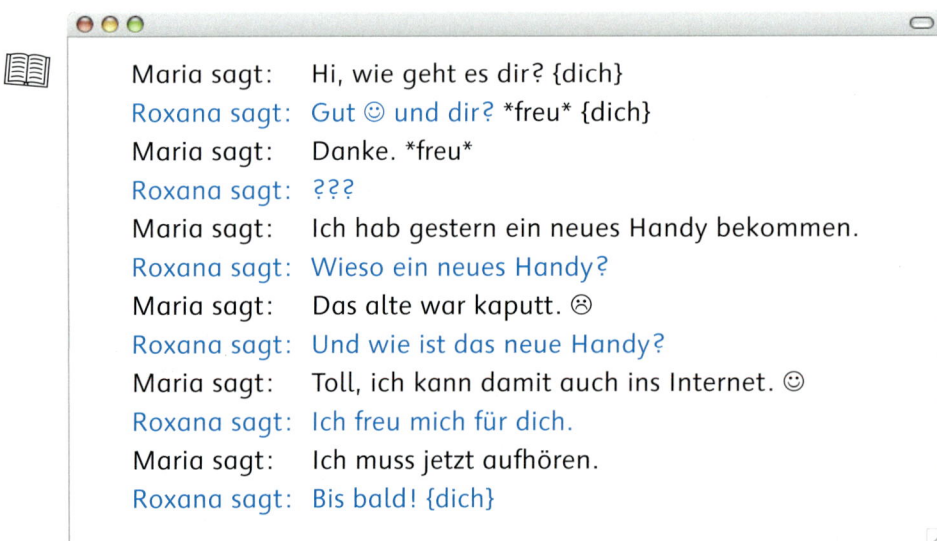

Maria sagt:	Hi, wie geht es dir? {dich}
Roxana sagt:	Gut ☺ und dir? *freu* {dich}
Maria sagt:	Danke. *freu*
Roxana sagt:	???
Maria sagt:	Ich hab gestern ein neues Handy bekommen.
Roxana sagt:	Wieso ein neues Handy?
Maria sagt:	Das alte war kaputt. ☹
Roxana sagt:	Und wie ist das neue Handy?
Maria sagt:	Toll, ich kann damit auch ins Internet. ☺
Roxana sagt:	Ich freu mich für dich.
Maria sagt:	Ich muss jetzt aufhören.
Roxana sagt:	Bis bald! {dich}

2 Worum geht es in dem Chatgespräch?
Gebt den Inhalt mit eigenen Worten wieder.

Beim Chatten verwenden Maria und Roxana nicht nur Wörter, sondern auch Zeichen.

👥 **3** **a.** Welche Zeichen verwenden Maria und Roxana?

   b. Was bedeuten diese Zeichen?

   Tipp: Ihr könnt in der Tabelle nachsehen.

Das Zeichen	bedeutet ...
{dich}	Ich umarme dich.
☺	froh sein, gute Laune haben
☹	traurig sein, schlechte Laune haben
???	Warum? Das verstehe ich nicht.

Z 🖊 **4** **a.** Zeichnet die Tabelle in euer Heft.

   b. Ergänzt weitere Zeichen und deren Bedeutung.

→ Eine Tabelle zeichnen: Seite 275

👥 **5** Übersetzt das Chatgespräch.

   a. Findet Wörter für die verschiedenen Zeichen.

🖊 **b.** Schreibt eure Übersetzung auf.

> ➡ Maria: Hi, wie geht es dir? Ich umarme dich.
> Roxana: Mir geht es gut. Ich habe gute Laune.
> Und wie geht es dir? ...

W 👥 **6** Spielt ein Gespräch zwischen Maria und Roxana außerhalb vom Chat. Wählt aus:

   • Maria und Roxana telefonieren miteinander.

   • Oder Maria und Roxana treffen sich im Park.

⚙ **Arbeitstechnik**

Eine Szene spielen

• Entscheidet, wer welche Person spielt.

• Überlegt gemeinsam:
   – Was sagt die Person?
   – Was tut die Person?

Umfragen zum Thema Fernsehen

**Die Schülerinnen und Schüler haben in ihrer Klasse
eine Umfrage gemacht.
Das Ergebnis kannst du in dem Diagramm sehen.**

 1 **a.** Lies die Überschrift.
b. Was ist das Thema vom Diagramm?
Schreibe auf.

 2 **a.** Lies die Beschriftungen der Achsen ($\uparrow$ $\rightarrow$).
b. Worüber informiert das Diagramm?
Schreibe auf.

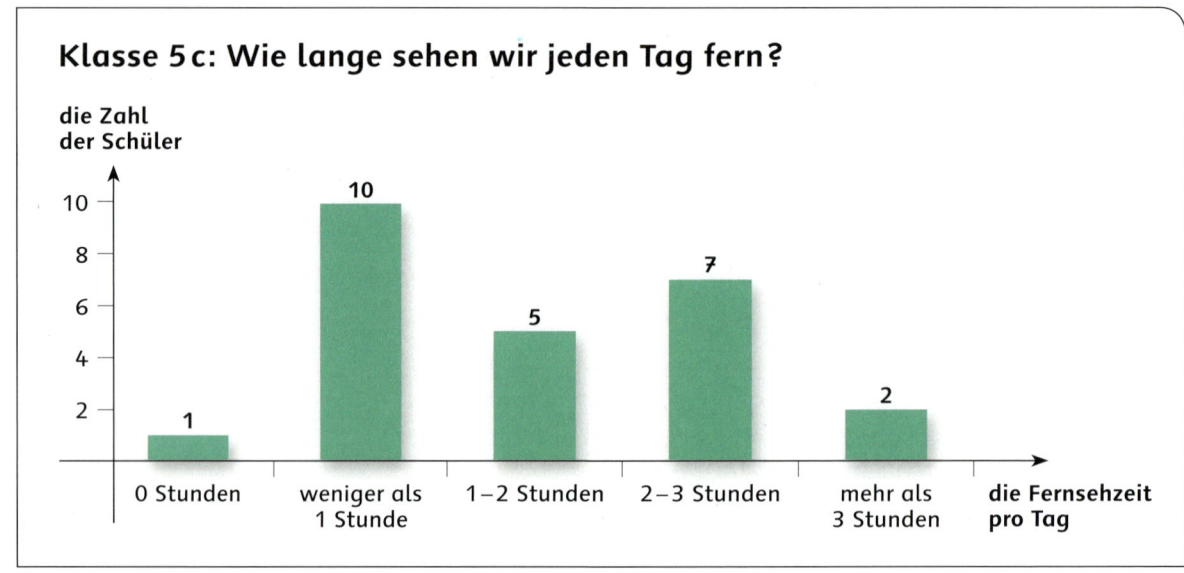

Klasse 5 c: Wie lange sehen wir jeden Tag fern?

die Zahl der Schüler

10 · 10
8 ·
6 ·
4 ·
2 ·

0 Stunden — 1
weniger als 1 Stunde — 10
1–2 Stunden — 5
2–3 Stunden — 7
mehr als 3 Stunden — 2

die Fernsehzeit pro Tag

 3 **a.** Sieh dir die Säulen an.
Lies die Zahlen über den Säulen.
b. Was ist das Ergebnis der Umfrage?
Schreibe die Sätze vollständig auf.

1 **Ein Schüler sieht 0 Stunden fern.**

2 **Das heißt, er sieht gar nicht fern.**

3 **Die meisten Schüler sehen am Tag ▨▨▨ fern.**

4 **Das sind ▨▨▨ Schüler.**

5 **▨▨▨ Schüler sehen täglich mehr als 3 Stunden fern.**

Auch ihr könnt in eurer Klasse eine Umfrage zum Thema Fernsehen machen.

4 Wie lange sieht jeder von euch täglich fern?
Macht die Umfrage in eurer Klasse.

    a. Schreibt zuerst eure Fragen auf:

> ➡ Wer sieht überhaupt nicht fern?
> Wer sieht am Tag weniger als 1 Stunde fern?
> Wer sieht täglich …

    b. Stellt nun nacheinander die Fragen.
    c. Zählt die Schülerinnen und Schüler, die sich melden.
    d. Schreibt jede Zahl auf.

Z Zu eurer Umfrage könnt ihr eine Grafik gestalten.

5 **a.** Nehmt ein kariertes Blatt.
    b. Schreibt die tägliche Fernsehzeit auf.
    c. Malt darüber die Säulen:
    Malt dazu für jeden Schüler ein Kästchen aus.

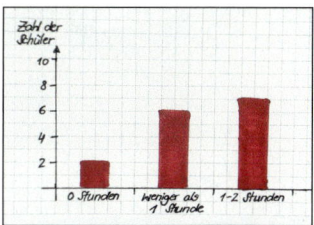

Mit einer Punktabfrage könnt ihr eure Lieblingssendungen herausfinden.

6 Welche Sendungen seht ihr besonders gern?

    a. Sammelt eure Lieblingssendungen an der Tafel.
    b. Jeder vergibt zwei Klebepunkte.
    c. Wertet die Punktabfrage aus.

> ➡ Die beliebteste Sendung in unserer Klasse ist …
> Auf Platz 2 folgt …
> Den dritten Platz belegt …
> Die wenigsten Punkte bekam die Sendung …

Nachrichten ●
Tiersendungen ●●
Musikvideos ●●●
…

Training:
Texte am Computer schreiben

Mit dem Computer könnt ihr Texte schreiben und überarbeiten.
Ein Computer besteht aus verschiedenen Teilen.

👥 ✏️ **1** Aus welchen Teilen besteht ein Computer?

    a. Seht euch das Bild genau an.
    b. Zeichnet die Teile vom Computer in euer Heft.
    c. Schreibt zu jedem Teil den passenden Namen.

>>> der Bildschirm
    der Drucker
    der Lautsprecher
    die Maus
    der Rechner
    die Tastatur

👥 ✏️ **2** Welche Aufgaben haben die einzelnen Teile?
    Schreibt die vollständigen Sätze in euer Heft.

1 Mit der Tastatur kann man ▬▬▬.
2 Auf dem Bildschirm kann man ▬▬▬ und ▬▬▬.
3 Mit dem Drucker kann man ▬▬▬.
4 Mit den Lautsprechern kann man ▬▬▬.
5 Mit der Maus kann man ▬▬▬.
6 Im Rechner kann man ▬▬▬.

>>> etwas anklicken
    Musik hören
    ausdrucken
    Texte lesen
    Bilder ansehen
    Texte schreiben
    Informationen speichern

Zum Schreiben braucht ihr die Tasten.
Mit jeder Taste kann man etwas anderes machen.

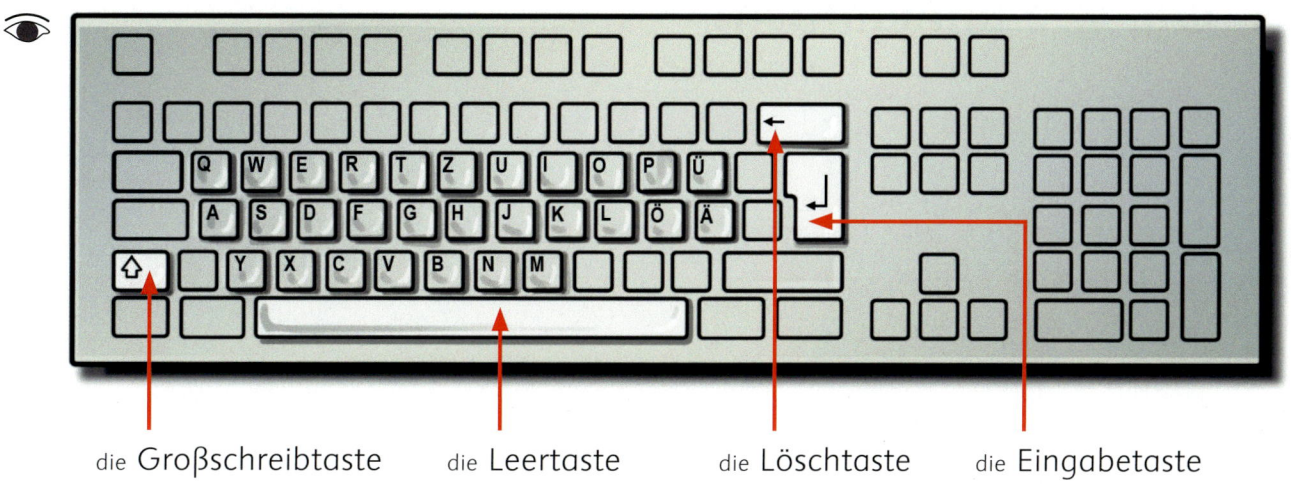

die Großschreibtaste   die Leertaste   die Löschtaste   die Eingabetaste

3 Was kann man mit den Tasten machen?
Schreibt die vollständigen Sätze in euer Heft.

1 Großbuchstaben schreibt man mit der ▬▬▬.
2 Man drückt die Taste und tippt dabei einen Buchstaben.
3 Eine Lücke zwischen zwei Wörtern macht man mit der ▬▬▬.
4 Wenn man Buchstaben löschen will, dann drückt man die ▬▬▬.
5 Eine neue Zeile beginnt man mit der ▬▬▬.

Mit dem Computer könnt ihr auch Fehler finden:
Rechtschreibfehler erkennt ihr an den roten Wellenlinien.

● ● ●
Der Apfel stammtnicht aus europa.

Achtung:
Fehler!

4 Der Computer meldet 2 Fehler.

a. Wie werden die Wörter richtig geschrieben?
b. Welche Taste wurde jeweils nicht gedrückt?
c. Schreibt den Satz richtig auf.

Gespenstergeschichten

Oh, wie unheimlich!

👁 **1** Seht euch die Bilder an.

💬 **2** Was ist an den Bildern unheimlich?

Z 💬 **3** • Wann habt ihr schon einmal etwas Unheimliches
erlebt?
• Wobei bekommt ihr eine Gänsehaut[1]?

[1] **eine Gänsehaut bekommen:** vor Angst frieren, sich gruseln

>>> der dunkle Schatten
der offene Schrank
das alte Haus
das große Spinnennetz
die alte Holztruhe
die schwarze Katze

Fanni riecht Gespensterluft

Auch Fanni hatte ein unheimliches Erlebnis.
Davon erzählt die Geschichte auf den nächsten Seiten.

Der Textknacker hilft dir, die Geschichte zu verstehen.

1. Schritt: Vor dem Lesen
Bilder helfen mir, den Text besser zu verstehen.
Die **Überschrift** sagt mir etwas über den Text.

 4 **a.** Sieh dir die Bilder an.
b. Lies die Überschrift.
c. Worum könnte es in der Geschichte gehen?
  • Schreibe die Überschrift in dein Heft.
  • Schreibe deine Vermutung auf.

〉〉〉 Spinnweben, Fanni,
erschrecken, plötzlich,
ein Junge, eine Katze,
miteinander reden,
die Gespensterluft

📖 Gespensterluft

2. Schritt: Das erste Lesen
Ein Text hat **Absätze**. Was in einem Absatz steht, gehört zusammen.
Die **Schlüsselwörter** im Text sind besonders wichtig.
Einige **Wörter** werden unter dem Text **erklärt**.

5 **a.** Zähle die Absätze.
   b. Lies die hervorgehobenen Schlüsselwörter.
   c. Lies die Worterklärungen.
   d. Vergleiche mit deiner Vermutung aus Aufgabe 4.

Gespensterluft   nach Sibylle Durian

1 Fanni zieht mit ihrer Familie in ein altes Haus.

2 Das Haus ist irgendwie unheimlich.

3 Dennoch läuft Fanni durch die Zimmer.

4 Plötzlich taucht eine Katze auf. Wie aus dem Nichts.

5 Sie rennt die Treppe zum Dachboden hinauf.

6 Fanni folgt ihr langsam.

7 Auf dem Dachboden ist es dunkel.

8 Nur eine Kerze flackert und gibt etwas Licht.

9 Spinnweben streifen Fannis Gesicht.

10 Und plötzlich steht ein Junge da.

11 Erschrocken ruft Fanni: „Was machst du denn hier?"

12 Der Junge sagt: „Ich habe früher hier gewohnt.

13 Jetzt will ich meine Katze holen!" Die Katze schnurrt.

14 Der Junge hebt sie auf. Die Kerze flackert heftig.

15 Beinahe geht sie aus. Fanni wird es kalt.

16 „Ganz schön unheimlich hier oben", sagt sie.

17 „Fast so, als wären hier Gespenster."

18 „Klar", grinst der Junge. „Du riechst hier Gespensterluft!"

19 Fanni kichert: „Haha. Gespensterluft. Unsinn!"

20 Doch der Junge antwortet: „Das ist kein Unsinn!

21 Ich kenne viele Geschichten von echten Gespenstern!"

22 „In diesem Haus gibt es also tatsächlich Gespenster?",

23 will Fanni wissen. Der Junge flüstert: „Jetzt gibt es bloß

24 noch ein Gespenst …"

25 Der Junge ergänzt: „Früher gab es viele gefährliche
26 Piraten und Räuber! Hier hauste[1] mal eine echte
27 Räuberbande! Sogar ein Kind war dabei!
28 Das war ungefähr so alt wie wir.
29 Alle hatten Angst vor der Bande."

30 Fanni fragt ungläubig: „Das Kind war auch gefährlich?"
31 „Jedenfalls klaute es wie ein Rabe[2]!", sagt der Junge.
32 „Eines Tages erwischte man die Räuber. Sie kamen
33 vor ein Gericht. Aber die Räuber lachten den Richter aus.
34 Und das Kind klaute ihm heimlich den Geldbeutel!
35 Da bekam der Richter eine große Wut.
36 Er verurteilte alle Räuber zum Tode.
37 Und er verfluchte sie: ‚Ihr sollt eure bösen Taten sühnen[3]!
38 Dann erst sollt ihr Frieden finden!'
39 Deshalb irrten die Räuber nachts als Gespenster herum."

40 „Alle?", fragt Fanni. „Auch das Kind?"
41 Der Junge antwortet: „Na klar. Aber mit der Zeit zogen
42 die meisten weg. Nur einer ist geblieben!"
43 „Und wer?", fragt Fanni. …

[1] **hier hauste:** hier wohnte
[2] **klauen wie ein Rabe:** viel stehlen
[3] **sühnen:** eine Strafe erleiden

3. Schritt: Den Text genau lesen
Erst **der ganze Text** sagt mir, worum es geht.

6 Lest euch die Absätze 1 und 2 gegenseitig vor. → Zeile 1–17
  • Wer sind die Hauptpersonen?
  • Wo spielt die Geschichte?

7 Lest euch die Absätze 3 und 4 gegenseitig vor. → Zeile 18–29
  • Welche Menschen haben früher in dem Haus gelebt?

8 Lest euch die Absätze 5 und 6 gegenseitig vor. → Zeile 30–43
  • Wie verflucht der Richter die Räuber?

135

4. Schritt: Nach dem Lesen
Ich habe den ganzen Text gelesen.

9 Was passiert in der Geschichte?
• Was gibt ein wenig Licht auf dem Dachboden?
• Wen will der Junge holen?
• Welche Menschen wohnten früher in dem Haus?
• Was erzählt der Junge über das Kind?
• Wie viele Gespenster bleiben zum Schluss übrig?

10 Stellt eigene Fragen an die Geschichte.
Beantwortet sie gemeinsam.

Wie viele Gespenster gibt es?

„Nur einer ist geblieben." – „Und wer?", fragt Fanni.

11 Wie könnte die Geschichte enden?
Schreibe deine Vermutung auf.

12 a. Lest euch den Rest von Absatz 6 gegenseitig vor.
b. Vergleicht mit eurer Vermutung aus Aufgabe 11.

43 „Und wer?", fragt Fanni.
44 „Das wirst du schon sehen", grinst der Junge.
45 Fanni ruft: „Es gibt gar keine Gespenster!"
46 „Bist du sicher?", fragt der Junge und verschwindet
47 mit der Katze im Arm – durch die Wand!

Der Junge verschwindet durch die Wand.

13 Was fühlt Fanni? Was denkt sie?
Wähle aus:
• Schreibe die Antworten in dein Heft.
  Ergänze eine Überschrift.
• Oder zeichne Fanni in dein Heft.
  Schreibe ihre Gedanken dazu.

Das gibt es doch nicht! Er ist einfach weg. Träume ich?

z Spannend erzählen

Die Geschichte Gespensterluft ist spannend und unheimlich.

1 Findet Wörter und Wortgruppen, die spannend und unheimlich sind.

Manche Wörter wirken unheimlich.
Man nennt diese Wörter auch Gruselwörter.

2 a. Wählt Gruselwörter aus den Vorschlägen aus. Begründet eure Auswahl.

   die Geisterstunde   der Vampir   kreischen
   das Krächzen des Raben   die dunkle Burgruine
   heulen   die Totenschädel   die glühenden Augen   …

   b. Findet selbst weitere Gruselwörter.

Fanni trifft den Jungen bestimmt irgendwann wieder.
Vielleicht lädt er sie in seine Gespensterwelt ein?
Du kannst die Gespenstergeschichte weitererzählen.
Beim Schreiben hilft dir der Schreibprofi.

→ Schreibprofi: Seite 273

1. Schritt: Vor dem Schreiben

3 **Was** willst du schreiben?
   a. Sammle Ideen.
   b. Schreibe Stichworte auf.

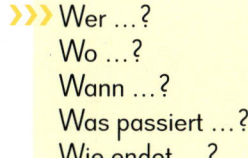

>>> Wer …?
    Wo …?
    Wann …?
    Was passiert …?
    Wie endet …?

2. Schritt: Beim Schreiben

4 Schreibe nun die Geschichte.
   • Verwende deine Stichworte.
   • Verwende Gruselwörter von Aufgabe 2.
   • Schreibe zum Schluss eine passende Überschrift auf.

3. Schritt: Nach dem Schreiben

5 a. Stelle deine Geschichte in der Schreibkonferenz vor.
   b. Überarbeite deine Geschichte.

137

Hendrik: Unheimlich und mutig

Wie unheimlich ist es nachts in einem Museum?
Und wie mutig muss man manchmal sein?
In dieser Geschichte erfährst du es.

Der Textknacker hilft dir, die Geschichte zu verstehen.

1. Schritt: Vor dem Lesen

1 **a.** Sieh dir die Bilder an.
   b. Lies die Überschrift.
   c. Worum könnte es in der Geschichte gehen?
      • Schreibe die Überschrift in dein Heft.
      • Schreibe deine Vermutung auf.

📖 Allein im Museum

2 a. Zähle die Absätze.
   b. Lies die hervorgehobenen Schlüsselwörter.
   c. Lies die Worterklärungen.
   d. Vergleiche mit deiner Vermutung aus Aufgabe 1.

Allein im Museum

nach Alexandra Fischer-Hunold

1 Die Steinzeithalle vom Museum ist fast dunkel.
2 Nur die Straßenlaternen lassen etwas Licht hinein.
3 Hendrik steckt den Schlüssel in die Tasche.
4 Er grinst. Sein Plan klappt!
5 Heute Nacht kann er sich in Ruhe umsehen.
6 Hendriks Mutter leitet das Naturkundemuseum.
7 Aber sie erlaubt nie, dass Hendrik hier alleine
8 herumläuft. Deshalb hat Hendrik den Schlüssel
9 heimlich genommen ...

10 Am Eingang der Halle liegen Felle für die Kinder.
11 Hendrik zieht ein Fell an.
12 Jetzt sieht er wie ein Steinzeitkind aus.
13 Er geht zu den Tieren.
14 „Hallo Freunde!", ruft er dem Säbelzahntiger,
15 dem Höhlenbären und dem Mammut zu.
16 Die Tiere sind natürlich ausgestopft.
17 Sie antworten nicht, aber das stört Hendrik nicht.
18 Er ruft: „Brüll, Säbelzahntiger!", und drückt einen Knopf.
19 Sofort ist ein furchtbares Gebrüll zu hören.
20 „Und wie geht es dir?", fragt Hendrik das Mammut.
21 Er drückt einen anderen Knopf.
22 Ein lautes Trompeten ertönt.
23 Hendrik lacht: „Aber jetzt habe ich Hunger!"

24 Hendrik holt sein Salamibrot aus dem Rucksack.

25 Dann fragt er den Säbelzahntiger: „Magst du das auch?"

26 „Ich mag solche Sachen nicht!", sagt eine Stimme.

27 Hendrik erstarrt. Kann der Säbelzahntiger sprechen?

28 Wieder tönt die Stimme: „Ein Einbruch in ein Museum

29 lohnt sich fast nicht! Aber vielleicht ist etwas Geld

30 in der Kasse." „Stimmt!", sagt eine andere Stimme.

31 Plötzlich weiß Hendrik: „Das sind Diebe!"

32 Zwei Männer kommen näher. „Blödes Vieh!", sagt

33 der eine zum Mammut. „Na, wartet!", denkt Hendrik.

34 „He, ihr Schurken[1]!" Hendriks Stimme dröhnt

35 durch die Halle. Die Männer wirbeln herum!

36 Sie sehen einen Steinzeitjungen, der ruft:

37 „Ihr habt das Mammut beleidigt! Entschuldigt euch!"

38 „W-w-wo kommst du denn her?",

39 stottert einer der Männer.

40 „Aus der Steinzeit!", ruft Hendrik. „So wie die Tiere hier.

41 Wir werden der Reihe nach lebendig,

42 wenn man einem von uns etwas Böses antut!"

43 „Lächerlich!", sagt der andere Mann.

44 Aber seine Stimme zittert.

45 „Meinst du?", fragt Hendrik.

46 Er drückt unauffällig den Knopf neben dem Mammut.

47 Das Mammut trompetet laut. Die Männer werden blass.

48 Hendrik drückt einen zweiten Knopf.

49 Der Boden bebt. Es ist, als ob eine Mammuthorde

50 auf die Halle zutraben würde.

51 Das ist zu viel für die Einbrecher.

52 Sie rennen schreiend aus dem Museum.

53 „Kommt nie wieder!", ruft Hendrik laut.

54 Und fügt leise hinzu: „Ich verschwinde auch.

55 Sonst erfährt meine Mutter noch von dem Abenteuer."

[1] ihr Schurken: ihr gemeinen Verbrecher

Die Geschichte mündlich nacherzählen

 3 Die Geschichte besteht aus sechs Absätzen.

a. Lies die Geschichte – Absatz für Absatz.
b. Mache dir zu jedem Absatz Notizen.
Beachte dabei die Arbeitstechnik **Notizen machen**.

> ⚙ **Arbeitstechnik**
>
> **Notizen machen**
>
> - Ich brauche einige **Zettel** und einen **Stift**.
> - Ich schreibe die **Überschrift** auf den ersten Zettel.
> - Ich schreibe **zu jedem Absatz**
>   eine passende Überschrift.
> - Dazu male ich **Bilder** und
>   schreibe **Wörter und Wortgruppen** auf.
> - Ich **nummeriere** die Zettel
>   in der richtigen Reihenfolge.

1

Allein im Museum

**Du hast die ganze Geschichte gelesen und
Notizen zum Inhalt gemacht.**

 4 Was erlebte Hendrik in der Nacht im Museum?

a. Lege deine Notizen aus Aufgabe 3 bereit.
b. Erzähle die Geschichte deiner Partnerin /
deinem Partner. Beachte dabei die Arbeitstechnik
Eine Geschichte mündlich nacherzählen.

> ⚙ **Arbeitstechnik**
>
> **Eine Geschichte mündlich nacherzählen**
>
> - Ich ordne die Zettel **in der richtigen Reihenfolge**.
> - Ich erzähle **spannend** und **mit eigenen Worten**.
> - Ich lasse nichts **Wichtiges** aus und **füge nichts hinzu**.

Einfach märchenhaft

Hier findest du Bilder und Texte aus Märchen.

1 Ängstlich drückte Aladin die Lampe an sich.

2 Als das Tier das hörte, ließ es
von dem Kaufmann ab und brummte:
„Wenn du mir morgen deine Tochter
bringst, dann lasse ich dich leben."

3 Der Bär packte Mascha und brüllte:
„Was machst du hier?
Ich werde dich fressen!"

4 Ein dritter Bewerber überreichte
der Prinzessin einen Becher,
mit einer blauen Rose bemalt.

5 Auf dem Waldweg begegnete Rotkäppchen
einem Wolf.

1 a. Seht euch die Bilder an.
  b. Lest die Texte.
  c. Welcher Text passt zu welchem Bild?

**In diesem Kapitel lernt ihr Märchen und ihre Merkmale kennen:
sprechende Tiere, geheimnisvolle Orte, Zauberkräfte,
Hindernisse und schließlich ein glückliches Ende.**

Im Märchenwald

Dieses Märchen wurde schon vor vielen Jahrhunderten erzählt.

 **Rotkäppchen** Brüder Grimm

1 Es war einmal ein Mädchen. Alle nannten es
2 Rotkäppchen. Denn das Mädchen trug jeden Tag
3 ein rotes Käppchen.

4 Eines Tages wollte Rotkäppchen der Großmutter
5 einen Korb mit Kuchen und Wein bringen.
6 Die Großmutter wohnte im Wald.
7 Auf dem Waldweg begegnete Rotkäppchen einem Wolf.
8 Rotkäppchen wusste nicht, dass der Wolf böse war.
9 Deshalb fürchtete Rotkäppchen sich nicht.
10 Der Wolf fragte: „Wohin willst du mit dem Korb?"
11 Rotkäppchen antwortete: „Ich gehe
12 zu meiner Großmutter." Nun wollte der Wolf wissen:
13 „Wo wohnt deine Großmutter?"
14 Rotkäppchen antwortete: „Sie wohnt draußen im Wald."

15 Da zeigte der Wolf auf die Blumen auf der Waldwiese.
16 Er sagte zu Rotkäppchen: „Bring deiner Großmutter
17 doch einen schönen Strauß Blumen mit!"
18 Rotkäppchen gefiel der Vorschlag. Sie pflückte Blumen.
19 Der Wolf aber lief schnell zum Haus der Großmutter.
20 Er klopfte an die Tür. Die Großmutter öffnete.
21 Sie glaubte, dass Rotkäppchen sie besuchen wollte …

2 Welches Tier spricht im Märchen **Rotkäppchen**?
Nennt passende Textstellen.

> **Merkmal:**
> In Märchen können
> Tiere oft sprechen.

3 • Was könnte im Haus der Großmutter passieren?
• Wie könnte das Märchen enden?

Das Ende des Märchens könnt ihr auf Seite 297 lesen.

Wunder und Zauberei

In Märchen werden manchmal Wunder wahr.

Merkmal:
In Märchen gibt es Zauberer und Zauberkräfte.

 ## Aladin und die Wunderlampe

1 In fernen Zeiten in einem fernen Land lebte eine arme
2 Frau mit ihrem Sohn Aladin. Aladin träumte davon,
3 durch ein Wunder von der Armut erlöst zu werden.

4 Eines Tages stand ein Zauberer vor der Hütte von Aladin.
5 Der Zauberer sagte: „Ich werde dir großes Glück bringen."
6 Aladin glaubte ihm. Er folgte dem Zauberer zu
7 einem hohen Berg. Dort gab es eine Tür zu einer Höhle.
8 Die Tür ließ sich nur durch einen Zauberspruch öffnen.

💬 **1** Was könnte an dem Berg passieren?

9 Die Tür zur Höhle war aber sehr eng. Nur Aladin
10 passte hindurch. In der Höhle erstarrte Aladin,
11 denn er war geblendet von Gold und Edelsteinen.
12 Aber der Zauberer rief: „Fasse nichts an!
13 Bringe mir nur die alte Lampe!" Aber Aladin
14 wollte zuerst aus der Höhle heraus. Da wurde
15 der Zauberer wütend. Er schlug die Tür zur Höhle zu.

16 Ängstlich drückte Aladin die Lampe an sich. Unbewusst
17 rieb er mit seiner Hand daran. Nach dem dritten Mal
18 leuchtete die Lampe hell und aus einer Wolke erschien
19 ein riesiger Geist. Er fragte: „Womit kann ich dir dienen,
20 junger Herr?" Aladin war hungrig und wollte nach Hause.
21 Kaum hatte er das ausgesprochen, saß er zu Hause
22 an einem gedeckten Tisch. Nun erzählte der Geist auch
23 das Geheimnis der Lampe: „Wer die Lampe besitzt,
24 ist mein Herr. Du brauchst nur die Lampe dreimal
25 zu reiben. Dann bekommst du alles, was du willst."

💬 **2** Welche Wünsche könnte der Geist Aladin noch erfüllen?

Durch den Geist in der Lampe lebten Aladin und seine Mutter glücklich und reich. Eines Tages ging Aladin durch die Stadt. Da erblickte er die wunderschöne Tochter vom Sultan[1]. Aladin und die Prinzessin verliebten sich auf den ersten Blick.

Schon bald ging Aladin zum Sultan. Er wollte die Prinzessin heiraten. Der Sultan war einverstanden, denn Aladin war reich. Endlich hatte sich Aladins Traum vom Glück erfüllt. Der Zauberer aber dachte: ___.

[1] **der Sultan:** der Herrscher in einem islamischen Land

3 Was könnte der Zauberer denken?

Eines Tages erschien der Zauberer verkleidet vor Aladins Palast[2]. Aladin war verreist und die Prinzessin wusste nichts von dem Geheimnis der Lampe. Der Zauberer aber sagte: „Liebe Prinzessin, ich tausche deine alte Lampe gegen eine wunderschöne neue." Die Prinzessin war einverstanden. Doch kaum hatte der Zauberer die Lampe, wünschte er den Geist herbei. Der Geist sollte den Palast mit der Prinzessin in eine weit entfernte Wildnis entführen.

Als Aladin zurückkehrte, war er verzweifelt: Sein ganzes Glück war verschwunden! Das konnte nur der Zauberer gewesen sein!

Verzweifelt suchte Aladin in der ganzen Welt nach dem Zauberer. Er irrte lange umher, bis er endlich das Haus vom Zauberer fand.

[2] **der Palast:** ein großes Gebäude, in dem der Sultan lebt

4 a. Warum ist Aladin verzweifelt?
b. Wie könnte das Märchen enden? Erzählt.

Merkmal:
Märchen haben oft ein glückliches Ende. Das Böse wird bestraft.

Das Ende vom Märchen könnt ihr auf Seite 298 lesen.

Magische Zahlen

Das folgende Märchen erzählt von der Suche
nach einem richtigen Freund.
Es ist ein arabisches Volksmärchen.

📖 Der Sohn des Königs

1 Es war einmal ein kleiner Prinz. Er suchte einen Freund.
2 Seine Mutter sagte zu ihm: „Die Jungen wollen nur
3 deine Freunde sein, weil du der Sohn vom König bist."
4 „Was soll ich tun?", fragte der Prinz.
5 Die Mutter sagte: „Lade die Jungen,
6 mit denen du spielst, zum Frühstück ein."

7 Zuerst lud der Prinz den Sohn des Richters ein.
8 Die Mutter brachte drei Eier.
9 Der Sohn vom Richter aber aß die Eier allein auf.
10 Da sprach die Mutter: „Das ist ein habgieriger Junge.
11 Er denkt nur an sich."

12 Ein paar Tage später lud der Prinz
13 den Sohn vom Kaufmann zum Frühstück ein.
14 Die Mutter brachte wieder drei Eier.
15 Der Sohn vom Kaufmann lachte.
16 Er rief: „Das soll ein Frühstück sein?"
17 Er aß nichts und lief nach Hause.
18 Die Mutter sprach: „Er ist verwöhnt.
19 Er will für sich nur das Allerbeste haben."

20 Der kleine Prinz kannte auch den Sohn vom Holzfäller.
21 Der Prinz spielte oft mit ihm im Wald.
22 Er lernte viel von ihm. Mittags ging er auch oft zu ihm.
23 Mit der Familie des Holzfällers aß der Prinz
24 Suppe mit trockenem Brot.
25 Der Prinz hatte den Sohn vom Holzfäller lieb.

26 Eines Tages lud er den Sohn vom Holzfäller

27 zum Frühstück ein. Die Mutter brachte drei Eier.

28 Der Sohn vom Holzfäller schälte die Eier.

29 Danach holte er sein Messer hervor.

30 Er schnitt ein Ei in der Mitte durch.

31 Dann sagte er zu dem Prinzen: „Du isst ein und

32 ein halbes Ei und ich esse ein und ein halbes Ei."

33 Lächelnd sprach die Mutter: „Er hat ehrlich

34 mit dir geteilt. Er ist ein wahrer[1] Freund."

35 Von diesem Tag an waren die beiden unzertrennlich.

36 Und als der Prinz später König wurde, machte er

37 den Sohn vom Holzfäller zu seinem Ratgeber.

[1] **ein wahrer:** ein richtiger

👥 **1** Wie heißt die versteckte Zahl?

> **Merkmal:**
> Die Zahlen 3 oder 7
> kommen oft
> in Märchen vor.

👥 **2** a. Was passiert in jedem Absatz? Ordnet die Sätze zu.

   Der Prinz mag den Sohn vom Holzfäller.
   Der Sohn vom Kaufmann isst nichts.
   Der kleine Prinz sucht einen Freund.
   Der Prinz und der Sohn vom Holzfäller werden richtige Freunde.
   Der Sohn des Richters isst alle Eier allein auf.
   Der Sohn vom Holzfäller teilt die drei Eier.

 b. Schreibt jeden Satz auf einen Zettel.
   c. Nummeriert die Zettel in der richtigen Reihenfolge.

👥 **3** Erzählt das Märchen gemeinsam nach.
   Beachtet dabei die Arbeitstechnik
   Eine Geschichte mündlich nacherzählen.

➜ Mündlich nacherzählen:
Seite 276

**Auf den Seiten 145 bis 151 hast du
die Merkmale von Märchen kennen gelernt.**

Z 🖉 **4** Schreibe die Merkmale auf ein Blatt.
   Tipp: Gestalte das Blatt märchenhaft.

Ein Märchen in Bildern

Auch hier wird ein Märchen erzählt – in Bildern.

📖 Der Wolf und die sieben Geißlein[1]   Brüder Grimm

[1] **die Geiß:** die Ziege
das Geißlein: das Kind der Ziege
die Geißlein: die Kinder der Ziege

💬 **1** Erzählt das Märchen gemeinsam.
Beantwortet dabei die folgenden Fragen:

> 1 Warum ging die Geiß fort?
> Was wollte der Wolf?
> 2 Warum ließen die 7 Geißlein den Wolf
> nicht in das Haus?
> 3 Wie wollte der Wolf die Geißlein überlisten?
> 4 Wie wollte der Wolf die Geißlein beim zweiten Mal
> überlisten?
> 5 Was geschah, als der Wolf ins Haus kam?
> 6 Was geschah, als die Geiß nach Hause kam?

Ihr wisst jetzt, worum es in dem Märchen geht.

 2 Was geschah der Reihe nach?

a. Lies noch einmal die Fragen aus Aufgabe 1.
b. Lies auch die folgenden Wortgruppen.

> 1 die Geiß
> ging Futter holen
> warnte vor dem Wolf
> wollte die Geißlein fressen

> 2 der Wolf
> klopfte an die Tür
> Stimme klang rau
> Pfoten waren schwarz
> Geißlein erkannten Wolf

> 3 fraß Kreide
> Stimme klang fein
> schwarze Pfoten
> Geißlein öffneten nicht
> die Tür

> 4 der Bäcker
> Mehl und Teig um
> die Pfoten
> die Pfoten jetzt weiß

> 5 die Geißlein erkannten
> Wolf nicht mehr
> versteckten sich
> Wolf im Haus
> entdeckte 6 Geißlein
> verschluckte sie
> schlief ein

> 6 die Geiß
> nach Hause
> befreite Geißlein aus
> dem Bauch vom Wolf
> alle lebten, freuten sich
> steckten dem Wolf Steine
> in den Bauch

W **3** Wähle aus:

 • Schreibe das Märchen mit eigenen Worten auf.
Verwende dazu die Bilder und Wortgruppen.

• Oder erzähle das Märchen einer Partnerin/
einem Partner.
Beachte dabei die Arbeitstechnik
Eine Geschichte mündlich nacherzählen.

➜ Mündlich nacherzählen:
Seite 276

> ⇨ Es war einmal eine Geiß mit 7 Geißlein.
> Eines Tages …

Verwünscht und erlöst

Auch in dem folgenden Märchen findet ihr Märchenhaftes.

W 👥 **1** Wählt aus:
- Lasst euch das Märchen vorlesen.
- Oder lest euch die Absätze gegenseitig vor.

📖 **Die Schöne und das Tier**

1 Es war einmal ein Kaufmann, der hatte 3 schöne Töchter.
2 Aber die Jüngste war die Schönste. Alle nannten sie
3 die Schöne. Eines Tages musste der Vater verreisen.
4 Seine Töchter baten ihn, schöne Kleider oder Schmuck
5 mitzubringen. Die Jüngste aber bat nur um eine Rose.

6 Auf der Rückreise erfüllte der Kaufmann die Wünsche
7 seiner Töchter. Aber eine Rose fand er nicht.
8 Spät am Abend kam er an ein wunderschönes Schloss
9 mit einem Rosengarten. Rasch pflückte er eine Rose.
10 Da nahte ein riesiges Tier mit Schuppen und Warzen
11 am ganzen Körper. Es brüllte: „Was suchst du hier?
12 Ich werde dich fressen." Der Kaufmann flehte:
13 „Bitte töte mich nicht! Meine jüngste Tochter
14 wünscht sich nur eine einzige Rose."
15 Da brummte das Tier: „Wenn du mir morgen
16 deine Tochter bringst, dann lasse ich dich leben."
17 Der Kaufmann versprach es zitternd.

18 Zu Hause erzählte der Kaufmann von dem Tier und
19 seinem Versprechen. Da wurden alle sehr traurig.
20 Am nächsten Tag brachte der Kaufmann
21 die Schöne zu dem Schloss.

22 Das Tier hatte schon gewartet. Als es die Schöne
23 erblickte, wurde sein Herz weich: „Hab keine Angst,
24 du sollst es bei mir gut haben. Aber ich möchte, dass du
25 jeden Abend auf mich wartest und mit mir sprichst."

26 So kam es, dass die beiden jeden Abend zusammensaßen
27 und redeten. Die Schöne verlor ihre Angst vor dem Tier.
28 Und das Tier verliebte sich in die Schöne. Dreimal fragte
29 es: „Möchtest du mich heiraten?" Doch die Schöne
30 entgegnete jedes Mal: „Ich mag dich sehr, aber ich liebe
31 dich nicht so, dass ich dich heiraten könnte." Da wurde
32 das Tier traurig und sagte leise: „Verlass mich nicht!"

33 Die Schöne blieb bei dem Tier. Aber nach 3 Monaten
34 bekam sie Sehnsucht nach ihrer Familie. Das Tier
35 erlaubte die Reise und gab ihr einen Ring: „Dies ist
36 ein Zauberring. Wenn du zurückkommen möchtest,
37 dann drehe ihn." Sofort gelangte die Schöne wie durch
38 eine Zauberhand mitten in das Haus ihres Vaters.
39 Wie groß war die Freude dort! Aber schon am Abend
40 sehnte sich die Schöne nach dem Tier. Sie drehte
41 den Ring und wünschte sich in das Schloss zurück.

42 Als die Schöne das Tier begrüßte, sagte sie: „Ich weiß,
43 dass ich ohne dich nicht mehr leben will." Da weinte
44 das Tier. Und dann war ein lautes Zischen und Krachen
45 zu hören. Die Schöne schloss vor Schreck die Augen.
46 Als sie die Augen wieder öffnete,
47 war das Tier verschwunden. Vor ihr stand
48 ein schöner Prinz. Er erzählte sein Geheimnis:
49 „Ich lebte glücklich in meinem Schloss.
50 Doch eine böse Fee verzauberte mich in ein Tier.
51 Erlösen konnte mich nur die Liebe einer schönen Frau."

52 Bald schon gab es eine prächtige Hochzeit im Schloss.
53 Die Schöne und der Prinz wurden sehr glücklich
54 miteinander. Und wenn sie nicht gestorben sind,
55 dann leben sie noch heute.

2 Findet die besonderen **Merkmale von Märchen**.

    a. Legt euer Blatt von Seite 151, Aufgabe 4 bereit.
    b. Prüft bei jedem Merkmal, ob es zu diesem Märchen passt.

Training: Es war einmal ...

W **1** Wähle aus:
- Lies den Anfang des Märchens **Das Zauberfass**
  auf Seite 158 und bearbeite Aufgabe 2.
- Oder lies den Anfang des Märchens **Der süße Brei**
  auf Seite 159 und bearbeite Aufgabe 3.

 **Das Zauberfass**   Chinesisches Märchen

1 Es war einmal ein Mann. Er arbeitete auf seinem Acker.

2 Schon am frühen Morgen begann er, die Erde

3 umzugraben. Plötzlich stieß er mit seiner Schaufel

4 an ein großes, altes Fass. Als er das Fass

5 ganz ausgegraben hatte, nahm er es mit nach Hause.

6 Zu Hause machte seine Frau das Fass mit einer Bürste

7 sauber. Dabei fiel ihr die Bürste aus der Hand.

8 Die Bürste verschwand in dem Fass.

9 Auf einmal war das ganze Fass voller Bürsten.

10 Der Mann und die Frau holten die Bürsten aus dem Fass.

11 Aber das Fass wurde nicht leer. Es kamen immer

12 neue Bürsten nach. Der Mann verkaufte die Bürsten.

13 So konnte die Familie gut davon leben.

14 Einmal fiel aus Versehen ein Geldstück in das Fass.

15 Sofort verschwanden die Bürsten. Das Fass füllte sich

16 mit Geld. Nun wurde die Familie reich. Sie konnte

17 so viel Geld aus dem Fass holen, wie sie wollte ...

2 Wie könnte das Märchen vom Zauberfass enden?
Schreibe das Märchen zu Ende.
Die folgenden Vorschläge helfen dir.

> Der neugierige Nachbar kam vorbei. Er schaute durch das Fenster ...

> Eines Tages aber fiel eine Katze in das Fass. Plötzlich ...

> An einem schönen Morgen war das Fass ...

📖 Der süße Brei   Brüder Grimm

1 Es war einmal ein armes Mädchen, das lebte
2 mit seiner Mutter allein. Sie hatten nichts zu essen.
3 Eines Tages ging das Mädchen in den Wald und
4 begegnete einer alten Frau. Die Frau schenkte
5 dem Mädchen einen kleinen Topf. Wenn das Mädchen
6 Hunger hatte, sollte es sagen: „Töpfchen, koche!".
7 Und dann kochte das Töpfchen süßen Hirsebrei.
8 Wenn das Mädchen sagte: „Töpfchen, steh!",
9 dann kochte es nicht mehr weiter.

10 Das Mädchen bedankte sich bei der alten Frau und
11 ging nach Hause zu seiner Mutter.
12 Immer wenn die beiden nun Hunger hatten,
13 stellte das Mädchen den Topf auf den Tisch und
14 kochte süßen Brei, bis sie satt waren.

15 Eines Tages ging das Mädchen wieder in den Wald.
16 Die Mutter hatte Hunger und sagte: „Töpfchen, koche!"
17 Das Töpfchen kochte süßen Brei und die Mutter aß
18 sich satt. Aber die Mutter wusste die Worte nicht und
19 das Töpfchen kochte immer weiter. Schließlich kochte es
20 über den Rand hinaus. Erst war die Küche voll Brei,
21 dann das Haus und dann die ganze Straße …

 3 Wie könnte das Märchen vom süßen Brei enden?
Schreibe das Märchen zu Ende.
Die folgenden Vorschläge helfen dir.

Endlich kam die Tochter nach Hause …

Alle Nachbarn in der Straße sahen den Brei und …

Das Töpfchen kochte immer weiter. Plötzlich …

Von Weisen und Spaßvögeln

Till Eulenspiegel und Nasrettin Hoca

In diesem Kapitel lest ihr lustige Geschichten von
Till Eulenspiegel und Nasrettin Hoca. Ihr könnt die Geschichten
mit verteilten Rollen lesen oder nachspielen.

1 **Till Eulenspiegel**
Till Eulenspiegel lebte ungefähr vor 700 Jahren.
Er war ein Narr[1].
Till Eulenspiegel machte viele Späße.
Und er spielte den Menschen viele Streiche[2].
Till Eulenspiegel trägt ein buntes Kostüm.
In den Händen hat er oft einen Spiegel
und eine Eule.

2 **Nasrettin Hoca**[3]
Wir wissen nicht, ob Nasrettin wirklich gelebt hat.
Nasrettin wird oft „türkischer Eulenspiegel" genannt.
Hoca bedeutet: kluger Mann und Gelehrter.
Auch Nasrettin bringt die Menschen zum Lachen.
Dabei zeigt er ihnen, wie dumm sie sind.
Auf Bildern trägt Nasrettin einen großen Turban.
Auf Bildern reitet er oft auf einem Esel.

 1
• Wie sieht Till Eulenspiegel aus?
• Wie sieht Nasrettin Hoca aus?
• Was erzählen die Texte über Till Eulenspiegel
und Nasrettin Hoca?

[1] **ein Narr:** jemand, der Späße macht
und dabei die Menschen oft täuscht
[2] **einen Streich spielen:** jemanden
aus Spaß hereinlegen
[3] **Hoca:** sprich Hodscha

Wie Eulenspiegel fliegen wollte

Till Eulenspiegel verkündet:
„Ich werde vom Rathaus auf die Erde fliegen."

1 Eulenspiegel spielt den Menschen in der Stadt
2 Magdeburg viele Streiche. Sein Name ist bald
3 sehr bekannt. Die Menschen bitten ihn: „Zeig uns
4 was sehr Aufregendes!" Till Eulenspiegel verspricht:
5 „Das will ich tun! Ich werde auf das Rathaus steigen
6 und von oben herunterfliegen!"

2 a. Wie geht die Geschichte weiter? Sieh dir die Bilder an.
b. Wird Till wirklich fliegen? Vermute.
c. Lies nun die folgenden Absätze.

3 Lies die ganze Geschichte vor.
Beachte folgende Schritte:
• Lies die Geschichte mehrmals leise.
• Betone die markierten Wörter.
• Mache Pausen, zum Beispiel nach einem Satz.

7 Die Menschen versammeln sich vor dem Rathaus.
8 Sie wollen sehen, wie Eulenspiegel fliegt.
9 Eulenspiegel steht hoch oben auf dem Rathaus.
10 Er bewegt die Arme. Es sieht aus, als ob er fliegen würde.
11 Die Menschen staunen! Sie reißen die Augen auf.
12 Sie glauben wirklich, dass Eulenspiegel fliegen will!

13 Da lacht Eulenspiegel und ruft: „Ihr seid alles Narren!
14 Ihr glaubt mir, einem Narren! Ich bin doch kein Vogel!
15 Ich habe keine Flügel, mit denen ich fliegen kann!"

16 Dann dreht Eulenspiegel sich um und geht weg.
17 Viele Menschen fluchen. Einige aber lachen und sagen:
18 „Eulenspiegel ist ein Narr. Aber er hat die Wahrheit
19 gesagt. Denn auch wir sind Narren, weil wir ihm
20 geglaubt haben!"

Geschichten von Nasrettin Hoca

Auch Nasrettin Hoca erzählt oft unglaubliche Geschichten.

📖 Bienen so groß wie Schafe

1 Eines Tages kommen einige Menschen zu Nasrettin.

2 Sie wollen eine Geschichte hören.

3 Nasrettin erzählt: „Ich war in Stambul[1] im Garten

4 des Sultans[2]. Dort gab es Bienen so groß wie Schafe!"

5 Ein Zuhörer fragt: „Oh, wie groß waren die Bienenstöcke?"

6 Nasrettin antwortet: „Die waren so groß wie bei uns."

7 Der Zuhörer staunt: „Und wie passten die Bienen hinein?"

8 Nasrettin erwidert: „Als ich kam, wollten die Bienen

9 gerade in einen Bienenstock fliegen. Aber sie sahen mich

10 und flogen erschrocken weg. Daher kann ich euch nicht

11 sagen, wie die Bienen in die Bienenstöcke passen."

[1] **Stambul:** Istanbul, die größte Stadt in der Türkei
[2] **der Sultan:** ein islamischer Herrscher

💬 **1** Was ist an Nasrettins Geschichte unglaublich?

Ihr könnt die Geschichte mit verteilten Rollen lesen.

 2 a. Verteilt die Rollen: der Erzähler, Nasrettin, der Zuhörer.
   b. Legt eine Folie über die Geschichte.
   c. Jeder markiert seine Rolle.
   d. Lest die Geschichte mit verteilten Rollen.

🖊 **Z Du kannst eine eigene unglaubliche Geschichte erfinden.**

 3 a. Wähle ein anderes kleines Tier.
      Vergleiche es nun mit einem größeren Tier.
      Denke auch an den Ort, an dem das kleine Tier lebt.
   b. Schreibe deine Geschichte auf.
   c. Lies deine Geschichte in der Klasse vor.

>>> die Spinne, die Maus
die Kuh, der Elefant
das Spinnennetz,
das Mauseloch

Nasrettin Hoca ist klug. Er hat auch Schüler.
Auch die Schüler erzählen unglaubliche Geschichten.

📖 Der große Kohlkopf

1   Zwei Schüler von Nasrettin Hoca gehen spazieren.

2   Sie erzählen sich unglaubliche Geschichten.

3   Mit ihren Lügen wollen sie sich gegenseitig

4   übertrumpfen[1].

5   Ein Schüler erzählt: „Vor kurzem war ich in Stambul.

6   Dort sah ich einen großen Kohlkopf.

7   Dreihundert Leute konnten sich darunter verstecken!"

8   Da erzählt der andere Schüler: „Ach, Bruder, das ist

9   noch gar nichts! In Athen sah ich einen riesigen Topf!

10 Den mussten dreihundert Leute schmieden[2].

11 Sie standen so weit auseinander,

12 dass einer den anderen nicht hören konnte."

13 Nun fragt der erste Schüler: „Wer braucht so einen

14 großen Topf?" Der zweite lacht: „Bruder, wie kannst du

15 so dumm fragen? Um den großen Kohlkopf zu kochen,

16 den du gesehen hast!"

[1] sich gegenseitig übertrumpfen: besser als der andere sein wollen
[2] schmieden: Metall so stark erhitzen, dass man es bearbeiten kann

💬 **4** Was ist an dieser Geschichte unglaublich?

Ihr könnt die Geschichte mit verteilten Rollen lesen.

👪 **5** a. Verteilt die Rollen: der Erzähler, zwei Schüler.
      b. Lest die Geschichte mit verteilten Rollen.
         Betont dabei besonders die hervorgehobenen Wörter.

Noch ein Streich von Till Eulenspiegel

Diese Geschichte von Till Eulenspiegel könnt ihr spielen.

📖 Eulen und Meerkatzen[1]

1 Eines Tages besucht Eulenspiegel die Stadt
2 Braunschweig. Dort besucht er eine Bäckerei.
3 Der Bäckermeister fragt Till: „Welchen Beruf hast du?"
4 Der antwortet: „Ich bin Bäckergeselle[2]!"
5 „Prima", ruft der Bäcker. „Ich brauche gerade
6 einen Bäckergesellen. Willst du bei mir arbeiten?"

💬 **1** Till Eulenspiegel war kein Bäckergeselle. Was war er?

7 Till arbeitet schon zwei Tage in der Bäckerei.
8 Da sagt der Bäcker: „Heute musst du alleine backen!"
9 „Aber was soll ich denn backen?", fragt Eulenspiegel.
10 Der Bäcker ärgert sich über diese Frage.
11 Er ruft: „Du weißt nicht, was du backen sollst?"
12 Till antwortet nicht. Der Bäcker wird wütend.
13 Er schreit: „Bist du ein Bäckergeselle oder nicht?
14 Was backt man in einer Bäckerei?"
15 Till antwortet wieder nicht. Da ruft der Bäcker spöttisch[3]:
16 „Back Eulen und Meerkatzen!"

17 Till geht in die Backstube. Er heizt den Backofen.
18 Er knetet den Teig. Dann backt er Eulen und Meerkatzen.
19 Denn genauso hat es der Bäcker gesagt.

[1] **die Meerkatzen:** Das ist eine Affenart.
[2] **der Bäckergeselle:** ein Bäcker, der die Ausbildung abgeschlossen hat
[3] **spöttisch:** So spricht einer, der sich lustig macht.

💬 **2** • Was soll Till eigentlich backen?
Tipp: Seht euch das Bild an.
• Was backt Till?

Das Bild zeigt, wie die Geschichte weitergeht.

 3 • Was seht ihr in der Backstube?
• Wie sieht der Bäcker aus? Was fühlt und sagt er wohl?
• Wie sieht Eulenspiegel aus? Was denkt er wohl?

>>> entsetzt, wütend, zornig, empört, fröhlich, ausgelassen, vergnügt

 20 Am anderen Morgen kommt der Bäcker in die Backstube.

21 Er sieht Eulen und Meerkatzen statt Brot und Brötchen!

22 Till sagt: „Guten Morgen, Meister."

23 Der Bäcker fragt: „Was hast du denn da gebacken?"

24 Eulenspiegel antwortet: „Eulen und Meerkatzen!

25 So wie du es gesagt hast!"

26 Der Bäcker schreit: „Was soll ich mit dem Zeug machen?"

27 Er packt Till am Kragen: „Du bezahlst mir den Teig!

28 Und dann verschwindest du! Sofort!"

29 Till zahlt, nimmt die Eulen und die Meerkatzen und geht.

 4 Bereitet das Gespräch zum Spielen vor.

a. Schreibt das Gespräch zwischen Till und dem Bäcker auf. Ergänzt dabei, <u>wie</u> die beiden miteinander sprechen.

➡ Till sagt <u>freundlich</u>: „Guten Morgen, Meister."
Der Bäcker fragt <u>zornig</u>: „Was hast du denn da gebacken?…"

b. Wie fühlen sich Till und der Bäcker? Wie schauen sie? Drückt die Gefühle mit dem Körper, dem Gesicht aus!

 c. Spielt das Gespräch der Klasse vor.

Training: Eine Geschichte von Nasrettin spielen

Ein Comic erzählt eine Geschichte mit Bildern.
Zu manchen Bildern gibt es einen kurzen Erzähltext.
Die Sprechblasen zeigen, was gesprochen wird.

Nasrettin bezahlt einen Wirt mit dem Klang des Geldes

[1] Nasrettin geht eines Tages in Bagdad über den Basar[1].

[2] *Was ist denn das für ein Lärm?* — *Was machst du da, du alter Bettler?*

[3] *Einfach ein Brot über meinen Bratspieß mit Hammelfleisch halten!* — *Du sollst für den Geruch des Fleisches bezahlen!*

[4] *Stimmt das?* — Der Bettler kann vor lauter Angst nichts sagen. Er nickt nur.

[5] *Was einem anderen gehört, darf man nicht einfach benutzen. Dafür muss man bezahlen.*

[1] **der Basar:** ein Markt in orientalischen Städten, zum Beispiel Istanbul

 1 Erzählt die Geschichte gemeinsam mit euren Worten.

➡ Nasrettin geht über den Basar.
Er hört großen Lärm. Eine Stimme ruft: …

**In den Sprechblasen steht, was die Figuren[1] sagen.
Die Erzähltexte erzählen, was noch passiert.**

 2 **a.** Lest die Sprechblasen und die Erzähltexte.
b. Verteilt die Rollen: Nasrettin, der Wirt,
   der Bettler und der Erzähler.
c. **Wie** sprechen Nasrettin, der Wirt und der Bettler?
   Wie spricht der Erzähler? Probiert es aus.
d. Lest den Comic mit verteilten Rollen.

**Nasrettin, der Wirt und der Bettler zeigen auch ohne
Worte, wie sie sich fühlen.**

 3 **a.** Zeichnet eine Tabelle in euer Heft.
b. Seht euch die einzelnen Bilder an.
c. Schreibt zu jedem Bild auf, wie sich die Figuren fühlen. ⟩⟩⟩ neugierig, gelassen, vergnügt, zornig, empört, erschrocken, ängstlich, beruhigt, erfreut

	Nasrettin	der Wirt	der Bettler
Bild 1	vergnügt	–	–
Bild 2	…	…	…
…	…	…	…

Auch ihr könnt eine Figur ohne Worte darstellen.

 4 **a.** Wählt eine Figur von einem Bild aus.
b. Wie sieht die Figur aus? Wie fühlt sie sich?
   Probiert die Körperhaltung und
   den Gesichtsausdruck aus.

**Nun könnt ihr ein Bild aus dem Comic spielen.
Der Erzähler kann beobachten und Lob und Tipps geben.**

 5 **a.** Wählt ein Bild mit 3 Figuren aus. Verteilt die Rollen.
b. **Was** und **wie sprechen** die Figuren? Was sagt
   der Erzähler? Probiert verschiedene Möglichkeiten aus.
c. **Wie fühlen** sich die Figuren?
   Probiert die Körperhaltung und
   den Gesichtsausdruck aus.
 d. Spielt gemeinsam das Bild aus dem Comic.

Ihr könnt die ganze Geschichte spielen.
Ein Szenenplan¹ hilft euch bei der Vorbereitung.

¹ **der Szenenplan:** Der Plan sagt den Spielern, was in den Teilen der Vorführung alles passiert.

 6 Bereitet einen Szenenplan vor.

a. Besorgt ein großes Blatt Papier, einen Bleistift und einen Radiergummi.

b. Zeichnet eine Tabelle.

		Wer?	Sagt was?	Wie?	Was tut …? Wie sieht … aus?
	Bild 1	Nasrettin	–	–	geht vergnügt über den Basar und schaut sich alles an
	Bild 2	…	…	…	…

c. Was passiert nacheinander? Schreibt den Szenenplan.
- Seht euch den Comic noch einmal genau an.
- Lest noch einmal die Sprechblasen.
- Tragt die Szenen in die Tabelle ein.

 7 **a.** Legt gemeinsam fest, wer welche Rolle spielt.
b. Jeder bereitet seine Rolle vor.
- Schreibt den Text für eure Rolle auf.
- Lernt euren Text auswendig.

 8 Übt das Spiel gemeinsam.

a. Spielt die Geschichte einmal, ohne zu unterbrechen. Haltet euren Text zunächst in der Hand.
b. Besprecht, was ihr vielleicht ändern wollt.

 9 Spielt die ganze Geschichte vor.

 10 Bereitet eine Aufführung vor.

a. Überlegt euch Kostüme für die Spieler.
b. Gestaltet die Bühne mit Tischen und Stühlen.
c. Führt euer Spiel auf: vor Eltern, vor anderen Klassen …

Gereimtes und Ungereimtes

Abzählreime

Überall auf der Welt sprechen Kinder Abzählreime.

Yağ satarım,
bal satarım,
ustam öldü
ben satarım.
(aus der Türkei)

Aussprache:

jah βátáram,
bal βátáram,
úβtam öldü
ben βátáram.

Eenie, meenie, miney, mo,
catch a tiger by the toe.
If he hollers, let him go,
eenie, meenie, miney, mo.
(aus England)

Aussprache:

ini, mini, meini, mo,
kätsch e teiger bei se to.
if hi hollers, let him go,
ini, mini, meini, mo.

Ene mene miste,
es rappelt in der Kiste.
Ene mene meck
und du bist weg.
(aus Deutschland)

Patito, patito
color de café,
si tú no me quieres
yo ya sé por qué.
(aus Mexiko)

Aussprache:

patíto, patíto
kolór de kafé,
βi tú no me kiéres
jó ja βé por ké.

1 Lest die Abzählreime vor.

2 a. Lernt einen Abzählreim auswendig.
   b. Sagt den Abzählreim auswendig auf.

3 Warum könnt ihr euch die Abzählreime leicht merken?
Erklärt.

W **4** Kennst du noch andere Abzählreime? Wähle aus:
• Schreibe einen Abzählreim auf.
• Oder erfinde einen eigenen Abzählreim.

Reime in Gedichten

**Wenn zwei Wörter ähnlich klingen,
nennen wir das Reim.
Reime bringen ein Gedicht zum Klingen.**

Wie sich Schmetterlinge küssen   Jutta Richter

1 Wie sich Schmetterlinge küssen,
2 will ich wissen!
3 Küssen sie sich denn im Fliegen,
4 wenn sie sich im Winde wiegen?
5 Oder küssen sie sich auch
6 auf dem Heckenrosenstrauch?

7 Wie sich Nasenbären küssen,
8 will ich wissen!
9 Ob sie wohl die Nasen _____   bleiben
10 und in ihren Höhlen _____?   Bauch
11 Vielleicht küssen sie sich auch
12 auf die Augen und den _____?   reiben

13 Wie sich Menschenkinder küssen,
14 musst du wissen!
15 Wo sie gehn und wo sie _____,   Schluss
16 kannst du Menschen küssen _____. stehn
17 Darum gib mir jetzt zum _____   sehn
18 einen dicken Menschenkuss!

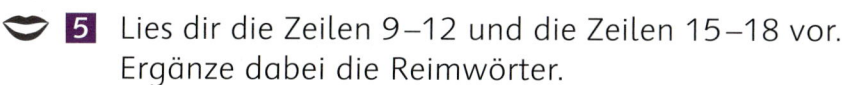

5 Lies dir die Zeilen 9–12 und die Zeilen 15–18 vor.
Ergänze dabei die Reimwörter.

6 Schreibe die Zeilen 7–18 mit Reimwörtern in dein Heft.   → Sätze abschreiben:
Seite 279

Was grunzt und quakt denn da?

Manche Gedichte spielen mit Lauten und Klängen.
Beim Sprechen könnt ihr das hörbar machen.

 **auf dem land**   Ernst Jandl

1 rininininininininDER
2 brüllüllüllüllüllüllüllEN

3 schweineineineineineineinE
4 grununununununununZEN

5 hunununununununDE
6 bellellellellellellellEN

7 katatatatatatatZEN
8 miauiauiauiauiauiauiauiauEN

9 katatatatatatatER
10 schnurrurrurrurrurrurrurrurrEN

11 gänänänänänänänSE
12 schnattattattattattattattERN

13 ziegiegiegiegiegiegiegEN
14 meckeckeckeckeckeckeckeckERN

15 bienienienienienienienEN
16 summummummummummummummEN

17 grillillillillillillillEN
18 ziririririririrPEN

19 fröschöschöschöschöschöschöschE
20 quakakakakakakakakEN

21 hummummummummummummummELN
22 brummummummummummummummEN

23 vögögögögögögögEL
24 zwitschitschitschitschitschitschitschERN

1 Welche Tiere kommen vor?
Was tun die Tiere?

➡ Rinder brüllen, Schweine …

2 Lies das Gedicht betont vor,
sodass du dir die Tiere vorstellen kannst.

3 Sprecht das Gedicht im Chor.
- Einer spricht die Zeilen vor.
- Die anderen sprechen nach.

Z **Tierlaute klingen in allen Sprachen ähnlich.**
Aber die Laute werden anders geschrieben.

das Tier	Deutsch	Türkisch	Englisch	Französisch
der Esel	i-a, i-a	a-ii, a-ii	hee-haw hi-ha[1]	hi-han i-an
der Hahn	kikeriki	ü ürü üü	cock-a-doodle-doo kok-a-dudel-du	cocorico kokoriko
das Huhn	gack, gack put, put	gıt gıt gıdak gat gat gadak	cluck-cluck klak-klak	cot cot codec kot kot kodek
das Rind	muh	möö mö	moo mu	meuh mu
die Ente	quak-quak kwak-kwak	vak, vak uak, uak	quack-quack kwak-kwak	coin, coin koan, koan
die Katze	miau	miyav miau	meow miau	miaou miau

[1] **die Aussprache:** So sprichst du die Laute.

4 **a.** Wählt ein Tier aus.
b. Sprecht die Tierlaute in den verschiedenen Sprachen.
c. Hört genau hin.
- Welche Laute klingen ähnlich?
- Welche klingen unterschiedlich?

⚡ Wie klingt es auf den Avenidas?

**Eugen Gomringer schrieb seine Gedichte nicht nur auf Deutsch.
Dieses Gedicht hat er auf Spanisch geschrieben.**

📖 **avenidas**   Eugen Gomringer

1 avenidas
2 avenidas y flores

3 flores
4 flores y mujeres

5 avenidas
6 avenidas y mujeres

7 avenidas y flores y mujeres y
8 un admirador

die Aussprache:

awenídas

awenídas
awenídas i flóres

flóres
flóres i muchéres

awenídas
awenídas i muchéres

awenídas i flóres i muchéres i
un admiradór

die Übersetzung:

die Alleen

die Alleen
die Alleen und die Blumen

die Blumen
die Blumen und die Frauen

die Alleen
die Alleen und die Frauen

die Alleen und die Blumen und die Frauen und
ein Bewunderer

 **1** Lies dir das Gedicht vor.

Ihr könnt das Gedicht mit Geräuschen vortragen.

👥 **2** Welche Geräusche kann man auf den **Avenidas** hören?
Probiert aus, wie ihr diese Geräusche hörbar machen könnt.

👥 **3** Tragt das Gedicht zu zweit vor.
• Einer liest betont vor.
• Der andere macht die Geräusche.

ᙆ Ausdrucksvoll vorlesen

Auch in diesem Gedicht wird eine Situation beschrieben.

📖 Fernsehabend   Hans Manz

1 „Vater, Mutter, hallo!"

2 „Pssst!"

3 „Ich bin ..."

4 „Später!"

5 „Also, ich wollte nur ..."

6 „Ruhe!"

7 „Dann geh ich ..."

8 „Momentchen. Gleich haben sie den Mörder.

9 So, was wolltest du sagen, mein Kind? –

10 Jetzt ist es wieder weg.

11 Nie kann man in Ruhe reden mit ihm."

👥 **1** a. Was möchte das Kind? Was möchten die Eltern?
   b. Ist euch so etwas auch schon passiert?

**Ihr könnt das Gedicht
mit verteilten Rollen lesen.**

✏️ **2** Was sagt das Kind? Was sagen die Eltern?

> ➡️ Kind: „Vater, Mutter, hallo!"
> Eltern: „Pssst!"

👥 **3** Lest das Gedicht mit verteilten Rollen.
   Denkt daran: Die Eltern sind genervt.

Die Jahreszeiten in Gedichten

**Ein Liedtext ist oft wie ein Gedicht aufgebaut.
Auch in Liedtexten nennen wir die Abschnitte Strophen
und die Zeilen Verse.**

 1 Lies die ersten zwei Strophen vom Liedtext.

Es war eine Mutter, die hatte vier Kinder

1 Es war eine Mutter,
2 die hatte vier Kinder.
3 Den Frühling, den Sommer,
4 den Herbst und den Winter.

5 Der Frühling bringt Blumen,
6 der Sommer bringt Klee,
7 der Herbst, der bringt Trauben,
8 der Winter den Schnee.

 2 Wie heißen die vier Kinder?

  a. Zeichnet die vier Kinder auf ein Blatt.
  b. Schreibt die Namen dazu.
  c. Schreibt den Namen der Mutter darüber.

>>> der Frühling
der Sommer
der Herbst
der Winter
das Jahr

Auch in Liedern gibt es Reime.

3 a. Lest den Liedtext laut vor.
   Achtet auf die Reimwörter.
   b. Schreibt den Liedtext auf das Blatt.
   c. Markiert die Reimwörter.

Z **Hier seht ihr ein Notenblatt.**
Es zeigt den Text und die Melodie von dem Lied.

>>> Auf einem Notenblatt steht nicht nur der Text eines Liedes, sondern stehen auch wichtige Musikzeichen:

der Notenschlüssel

die Noten

die Notenlinien

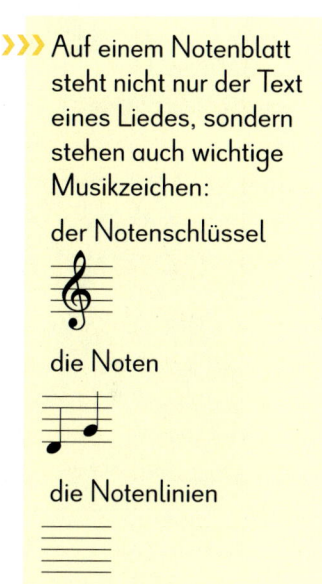

Es war eine Mutter, die hatte vier Kinder

1. Es   war   ei - ne   Mut - ter,   die
2. Der   Früh - ling bringt   Blu - men,   der

hat - te   vier   Kin - der. Den
Som - mer bringt   Klee,___   der

Früh - ling,   den   Som - mer,   den
Herbst, der   bringt   Trau - ben,   der

Herbst und   den   Win - ter.
Win - ter   den   Schnee.

Z 4 Lies den Liedtext leise.
   Beachte dabei, dass einige Wörter in Silben zerlegt sind.

Z 5 Singt das Lied gemeinsam.

**In den folgenden Gedichten geht es um die Jahreszeiten.
In diesem Gedicht geht es um den Frühling.**

 **Frühling**   Christine Nöstlinger

1 Eines Morgens

2 ist der Frühling da.

3 Die Mutter sagt,

4 sie riecht ihn in der Luft.

5 Pit sieht den Frühling.

6 An den Sträuchern im Garten

7 sind hellgrüne Tupfen.

8 Anja hört den Frühling.

9 Neben ihr, auf dem Dach,

10 singen die Vögel.

11 Unten vor dem Haus

12 steigt Vater in sein Auto.

13 Er fühlt den Frühling.

14 Die Sonne scheint warm

15 auf sein Gesicht.

16 Aber schmecken

17 kann man den Frühling

18 noch nicht.

19 Bis die Erdbeeren reif sind,

20 dauert es noch lange.

1 Wie bemerken Mutter, Pit, Anja und Vater den Frühling?
Schreibe zu jeder Strophe einen Satz in dein Heft.

2 Woran erkennst **du** den Frühling?

a. Was kannst du sehen, hören, riechen?
b. Wie kannst du den Frühling fühlen oder schmecken?

**Auch im Sommer kannst du vieles
riechen oder schmecken.**

📖 **Sommer**   Ilse Kleberger

1 Weißt du, wie der Sommer riecht?

2 Nach Birnen und nach Nelken,

3 nach Äpfeln und Vergissmeinnicht,

4 die in der Sonne welken,

5 nach heißem Sand und kühlem See

6 und nassen Badehosen,

7 nach Wasserball und Sonnencreme,

8 nach Straßenstaub und Rosen.

9 Weißt du, wie der Sommer schmeckt?

10 Nach gelben Aprikosen

11 und Walderdbeeren, halb versteckt

12 zwischen Gras und Moosen,

13 nach Himbeereis, Vanilleeis,

14 nach Eis aus Schokolade,

15 nach Sauerklee vom Wiesenrand

16 und Brauselimonade.

 3 Wie riecht der Sommer? Wie schmeckt der Sommer?
Schreibe zu jeder Strophe Stichworte auf.

→ Stichworte aufschreiben:
Seite 274

➡️ So riecht der Sommer: …
So schmeckt der Sommer: …

4 Woran erkennst **du** den Sommer?

a. Was kannst du riechen und schmecken?

b. Wie kannst du den Sommer sehen, hören, fühlen?

**Ilse Kleberger meint, dass man im Herbst
viele schöne Dinge tun muss.**

 **Im Herbst** Ilse Kleberger

1 Im Herbst muss man Kastanien aufheben,

2 die braun aus stachliger Schale streben;

3 man sammelt und sammelt um die Wette

4 und fädelt sie zu einer endlosen Kette.

5 Im Herbst muss man Haselnüsse essen,

6 das darf man auf keinen Fall vergessen!

7 Man muss sich beeilen, denn das Eichhorn mag sie auch

8 und plündert mit Windeseile den Strauch.

9 Im Herbst muss der bunte Drachen steigen.

10 Man muss ihm den Weg in den Himmel zeigen.

11 Dann schwebt er hoch über Nachbars Dach

12 und man reckt den Hals und schaut ihm nach.

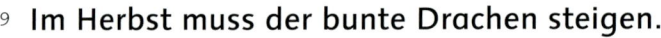

 1 Welche Wörter in dem Gedicht
passen besonders zum Herbst?

    a. Schreibe die Wörter in dein Heft.
    b. Ergänze weitere Wörter, die für dich zum Herbst passen.

**Silja und Oskar haben aus den Wörtern Elfchen[1]
zum Herbst geschrieben.**

[1] Elfchen: ein kurzes Gedicht
aus 11 Wörtern:
1 Wort
2 Wörter
3 Wörter
4 Wörter
1 Wort

*Kastanien
und Haselnüsse.
Wir sammeln sie.
Wir basteln etwas daraus.
Herbst!*

*Wind.
Bunte Blätter
fallen vom Baum.
Der Himmel ist grau.
Sturm!*

 2 **a.** Schreibe auch ein Elfchen.
    b. Überarbeite dein Elfchen, bis es dir gut gefällt.
  c. Lies dein Elfchen der Klasse vor.

Robert Reinick hat ein Gedicht zum Winter geschrieben.

 Der Schneemann auf der Straße Robert Reinick

1 Der Schneemann auf der Straße
2 trägt einen weißen Rock,
3 hat eine rote Nase
4 und einen dicken Stock.

5 Er rührt sich nicht vom Flecke,
6 auch wenn es stürmt und schneit.
7 Stumm steht er an der Ecke
8 zur kalten Winterzeit.

9 Doch tropft es von den Dächern
10 im ersten Sonnenschein.
11 Da fängt er an zu laufen,
12 und niemand holt ihn ein.

In dem Gedicht reimen sich die Verse.

 3 Finde Reimpaare.

die Flocken	der Schnee	das Eis	die Mütze
der Stau	die Pfütze	die Socken	der See
kalt	weiß	blau	bald

 die Flocken – die Socken, …

W **4** Wähle aus:
• Ergänze das folgende Wintergedicht.
  Verwende dein Ergebnis von Aufgabe 3.
• Oder schreibe ein eigenes Wintergedicht mit Reimwörtern.

1 Überall liegt ganz viel Schnee
2 und gefroren ist der ▬▬▬.
3 Oleg schlittert auf dem Eis.
4 Baum und Ufer: alles ▬▬▬.

Merkmale von Gedichten

Hier findest du zwei Strophen aus Gedichten zum Frühling und zum Winter.

1 Lies die beiden Strophen.

Der Frühling ist die schönste Zeit!

Annette von Droste-Hülshoff

1 Der Frühling ist die schönste Zeit!
2 Was kann wohl schöner sein?
3 Da grünt und blüht es weit und breit
4 im goldnen Sonnenschein.

Der erste Schnee   Friedrich Wilhelm Güll

1 Ei, du liebe, liebe Zeit,
2 ei, wie hat's geschneit, geschneit!
3 Ringsherum, wie ich mich dreh,
4 nichts als Schnee und lauter Schnee.
5 Wald und Wiesen, Hof und Hecken,
6 alles steckt in weißen Decken.

W **2** Wähle aus, mit welcher Strophe du arbeiten möchtest:
   • mit der Strophe zum **Frühling**,
   • oder mit der Strophe zum **Winter**.

3 Schreibe die gewählte Strophe in dein Heft ab.   → Sätze abschreiben: Seite 279

Du kannst die Strophe des Gedichtes untersuchen.

 4 Wie viele Verse hat die Strophe?

➡️ Die Strophe hat ...Verse.

Merkmal:
Strophen und Verse

5 Reime lassen die Strophe klingen.

   a. Lies dir die Strophe vor.
   b. Schreibe die Reimwörter untereinander auf.

Merkmal:
Reime

Z **6** Welche Reimform hat die Strophe?

   a. Vergleiche die Reime.
   b. Kennzeichne die Reimwörter mit a und b.
   c. Schreibe die Reimform auf.

Reimformen:

der Paarreim	der Kreuzreim
a ⌉	a
a ⌋	b ⌉
b ⌉	a ⌋
b ⌋	b

7 An welchen Wörtern hast du
die Jahreszeit erkannt?
Markiere sie in deinem Heft.

8 Welche Wörter machen die Strophe
besonders anschaulich?

   a. Finde in der Strophe drei besondere Wörter.
   b. Markiere sie in deinem Heft.

Merkmal:
besondere Sprache

Du kannst zu der Strophe ein Blatt gestalten.

 W **9** Gestalte ein Blatt zu deiner Lieblingsstrophe.
   • Schreibe die Strophe in schöner Schrift auf.
   • Markiere besondere Wörter.
   • Zeichne ein Bild dazu oder klebe ein Foto auf.

Der Aufgabenknacker – Schritt für Schritt

Der Aufgabenknacker hilft dir, eine Aufgabe zu verstehen und zu bearbeiten.

 1. Schritt: Genau lesen

 1 Lies die Beispiel-Aufgabe genau.
Achte besonders auf das Verb (Tunwort).

> ✏ Beschreibe Enricos Schulweg in Sätzen.

 2 Das Verb ist das wichtigste Wort in einer Aufgabe.

a. Schreibe das Verb aus der Beispiel-Aufgabe
in dein Heft.
b. Schreibe den Infinitiv (die Grundform) dazu.

 3 **Was** sollst du **tun**?

a. Finde die passende Erklärung zum Verb.
b. Schreibe sie in dein Heft.

Ich soll Gemeinsamkeiten und Unterschiede finden.
Ich soll wiedergeben, wie etwas aussieht oder funktioniert.
Ich soll etwas aufzählen.

  2. Schritt: Überlegen, was zur Lösung gehört

4 a. Lies die Beispiel-Aufgabe noch einmal.
✏ b. **Was genau** sollst du tun? Schreibe auf:
• Wen oder was sollst du beschreiben?
• Sollst du mit Wörtern oder Sätzen beschreiben?
c. **Wie** sollst du es tun? Schreibe auf:
• Sollst du allein, mit einem Partner oder
in der Gruppe arbeiten?
• Sollst du die Aufgabe mündlich oder schriftlich lösen?

5 Welche Sätze geben die Beispiel-Aufgabe richtig wieder?
Schreibe sie in dein Heft.

Ich soll Enricos Schulweg aufzählen.
Ich soll dazu Sätze aufschreiben.
Ich soll mit einem Partner arbeiten.

Ich soll wiedergeben,
wie Enricos Schulweg ist.
Ich soll dazu Sätze aufschreiben.
Ich soll die Aufgabe allein und
schriftlich bearbeiten.

Z **Die folgenden Verben kommen oft in Aufgaben vor.**

Nenne …   Erzähle … nach.   Finde …   Markiere …

Vergleiche …   Beschreibe …   Sieh … an.

Z **6** a. Schreibe die Verben untereinander auf ein Blatt.
b. Schreibe den Infinitiv (die Grundform) dazu.

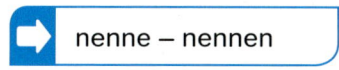

nenne – nennen

Z **7** a. Ordne den Verben die passenden Erklärungen zu.
b. Schreibe die Erklärungen zu den Verben auf.

Ich soll den Inhalt von etwas wiedergeben.
Ich soll etwas hervorheben, zum Beispiel so:
das Rad, die Schule, das Buch.
Ich soll etwas genau betrachten.
Ich soll Gemeinsamkeiten und Unterschiede finden.
Ich soll etwas aufzählen.
Ich soll etwas entdecken.

nenne – nennen: Ich soll etwas aufzählen.

Texte lesen und verstehen: Der Textknacker

**Einen Text verstehen
ist so
wie eine Nuss knacken.**

**Eine harte Nuss musst du knacken,
damit du an ihren weichen Kern herankommst.
Dazu brauchst du einen Nussknacker.**

**Einen Text kannst du auch „knacken",
genauso wie eine harte Nuss.
Dann kannst du ihn verstehen.
Dabei hilft dir der Textknacker.**

1 Auf Seite 193 findest du
die Schritte vom Textknacker.
Lies die Schritte 1 bis 4.

2 Bastle dir einen Textknacker aus Pappe.

**Du kannst deinen Textknacker für jeden Text verwenden.
Schreibe nur die Schritte und die hervorgehobenen Wörter auf.**

Der Textknacker hilft dir, Texte zu lesen und zu verstehen.

1. Schritt: Vor dem Lesen
Bilder helfen mir, den Text besser zu verstehen.
Die **Überschrift** sagt mir etwas über den Text.

- Ich sehe mir die Bilder an.
- Ich lese die Überschrift.
- Worum könnte es in dem Text gehen?

2. Schritt: Das erste Lesen
Ein Text hat **Absätze**. Was in einem Absatz steht, gehört zusammen.
Die **Schlüsselwörter** im Text sind besonders wichtig.
Einige **Wörter** werden unter dem Text **erklärt**.

- Ich zähle die Absätze.
- Ich lese die hervorgehobenen Schlüsselwörter.
- Ich lese die Worterklärungen.
- Was weiß ich jetzt?

3. Schritt: Den Text genau lesen
Erst **der ganze Text** sagt mir, worum es geht.

- Ich lese den ganzen Text – Absatz für Absatz.
- Was habe ich erfahren?

4. Schritt: Nach dem Lesen
Ich habe den ganzen Text gelesen.

- Ich schreibe zu jedem Absatz etwas auf.
  Ich schreibe die wesentlichen Informationen auf.
- Ich schreibe auf, was für mich wichtig ist.

Hier kannst du den Textknacker ausprobieren.

W ① Wende die Schritte vom Textknacker an. Wähle aus:
- Lies den Text auf Seite 194.
- Oder lies das Gedicht auf Seite 195.

1. Schritt: Vor dem Lesen	»»» 1. die Bilder die Überschrift
2. Schritt: Das erste Lesen	2. die Absätze die Schlüsselwörter
3. Schritt: Den Text genau lesen	3. der ganze Text

📖 Nussknacker

₁ Viele Nussknacker sehen aus wie eine Zange.
₂ Diese Zangenform gibt es schon sehr lange,
₃ schon mehr als 2 000 Jahre.

₄ Manche Nussknacker sehen aus wie ein Männchen.
₅ Sie sind aus Holz. Diese Form wird seit fast 250 Jahren
₆ im Erzgebirge hergestellt. Das Erzgebirge liegt
₇ in Sachsen. Das ist ein deutsches Bundesland
₈ an der Grenze zu Tschechien.

₉ Seinen Namen hat das Erzgebirge von dem Erz.
₁₀ Das ist ein besonderer Stein, der tief im Berg zu finden
₁₁ war. Bergmänner holten das Erz ans Tageslicht.
₁₂ Deshalb tragen viele hölzerne Nussknacker
₁₃ eine Mütze und einen Anzug wie ein Bergmann.

₁₄ Andere Nussknacker sehen aus wie Polizisten
₁₅ oder Förster. Eins haben sie alle gemeinsam:
₁₆ Ein Nussknacker ist eine Holzfigur,
₁₇ die Nüsse knacken kann.

4. Schritt: Nach dem Lesen

✏ ② Wie sehen manche Nussknacker aus?

Das folgende Gedicht ist über einen besonderen Baum:
die Eberesche.
Die Eberesche ist auch als Vogelbeerbaum bekannt.

1. Schritt: Vor dem Lesen

2. Schritt: Das erste Lesen

3. Schritt: Den Text genau lesen

»»» **1.** die Bilder
die Überschrift

2. die Absätze
die Schlüsselwörter

3. der ganze Text

 **Herbstbaum** Axel Schulze

1 Im September hängt
2 die Eberesche
3 in ihre Zweige
4 die rote Wäsche.

5 Mit Blütenschaum
6 hat sie gewaschen.
7 Jetzt kommen Vögel
8 und naschen.

9 Der Baum lächelt,
10 die Blätter schweben.
11 Für alle reicht es,
12 die leben.

4. Schritt: Nach dem Lesen

✎ **3** Warum ist die Eberesche ein besonderer Baum?

Texte planen, schreiben, überarbeiten: Der Schreibprofi

**Vito hat sich das Bein gebrochen. Er ist im Krankenhaus.
Die Schüler schreiben Vito Briefe.**

Vito Passano
Kinderkrankenhaus
Robert-Koch-Str. 1
53115 Bonn

An die Klasse 5a
Comeniusschule
Hauptstr. 53
53229 Bonn

**Auch du kannst Vito einen Brief schreiben.
Beim Schreiben helfen dir die Schritte vom Schreibprofi.**

1. Schritt: Vor dem Schreiben
Ich **überlege**.
- **Für wen** will ich schreiben?
- **Was** will ich schreiben?

 1 **Für wen** willst du schreiben?
Überlege, wer liest, was du schreibst.

 2 **Was** willst du schreiben?

a. Sammle Ideen.
- Was willst du Vito fragen?
- Was willst du ihm erzählen?
- Was wünschst du ihm?
b. Schreibe Stichworte auf.

>>> die Krankenschwester, das Essen, spielen, die anderen Kinder, gute Besserung, alles Gute ...

→ Stichworte aufschreiben: Seite 274

2. Schritt: Beim Schreiben
Nun **schreibe** ich.
Ich kann **Hilfen benutzen**,
zum Beispiel ein Wörterbuch.

3 Schreibe nun den Brief auf ein Blatt.
Verwende deine Stichworte von Aufgabe 2.
Denke daran: Ein Brief hat eine besondere Form.

Bonn, 10. 2. 2007 .... Ort, Datum

Anrede .... *Lieber Vito!*

Wie geht es dir? Hoffentlich ...

Was machst du den ganzen Tag?

Welche Spiele ...? Ich wünsche dir ...

Komm bald wieder!

...

Unterschrift .... *Viele Grüße*
Gruß .... *dein ...*

3. Schritt: Nach dem Schreiben
Ich **prüfe**.
• Kann ich meine Wörter oder
  meine Sätze lesen und verstehen?
• Kann ein anderer aus der Klasse
  meine Wörter lesen und verstehen?
Ich **überarbeite**.

4 a. Kannst du deinen Brief lesen und verstehen?

b. Kann ein anderer aus der Klasse deinen Brief lesen und verstehen?

c. Überarbeite deinen Brief.

Ideensammlung: Der Cluster

In einem Cluster kannst du Ideen zu einem Thema sammeln.

In diesem Cluster hat die Klasse 5 ihre Ideen zum Thema Sport gesammelt. Sie hat Wörter und Wortgruppen aufgeschrieben.

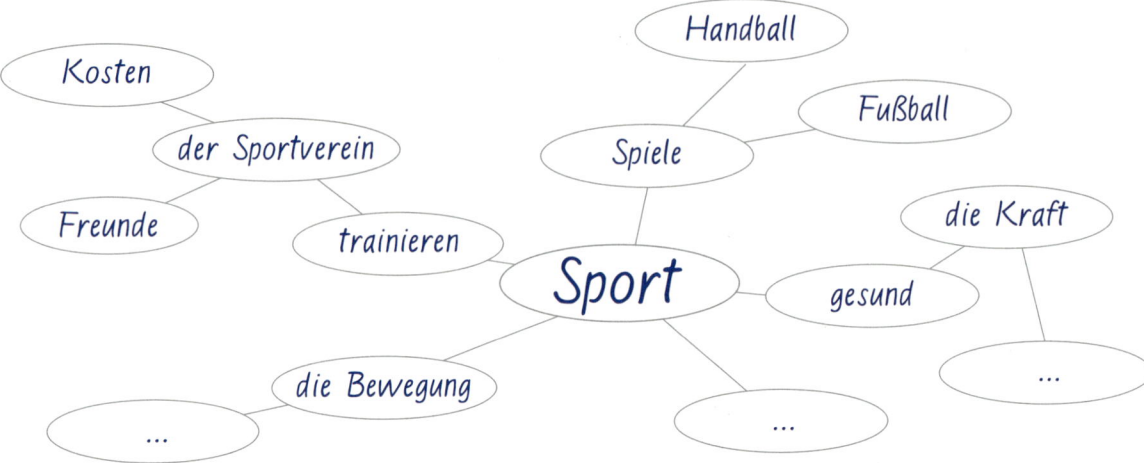

1 Lest die Wörter und Wortgruppen.
- • Welche Ideen hat die Klasse gesammelt?
- • Welche Ideen habt ihr zum Thema Sport?

Im Cluster werden zusammengehörige Kreise mit Linien verbunden.

2 Seht euch die Kreise und Linien an.
- • Welche Kreise gehören zusammen?
- • Warum gehören sie zusammen?

3 Was fällt euch zum Thema Sport ein?

a. Schreibt den Cluster an die Tafel.
b. Ergänzt eure Ideen. Kreist sie ein.
c. Verbindet die Ideen durch einen Strich mit dem Thema.

Du kannst einen eigenen Cluster schreiben.

 4 Wähle ein Thema aus.

Nahrungsmittel	Sport	Fernsehen
Spiele	Musik	Bücher
Ehrenamt	Tiere	Feuerwehr

 5 Schreibe einen Cluster.
Beachte dabei die Arbeitstechnik **Der Cluster**.

> ⚙ **Arbeitstechnik**
>
> **Der Cluster**
>
> - Ich nehme ein **Blatt** Papier.
> - Ich schreibe in die Mitte das **Thema**.
>   Ich **kreise** das Thema **ein**.
> - Ich schreibe meine **Ideen** zum Thema rundherum.
>   Ich **kreise** jede Idee **ein**.
> - Ich **verbinde** die Ideen **durch einen Strich**
>   mit dem Thema in der Mitte.

Z **Die Klasse möchte andere über das Thema Sport informieren. Sie schreibt Informationstexte für eine Broschüre.**

Sport
Sport ist gesund. Er gibt uns Kraft.
Die Bewegung ist wichtig für ...

Z **Auch du kannst andere über dein Thema informieren.**

 6 Schreibe Sätze zu deinem Thema auf ein Blatt.
Dein Cluster hilft dir dabei.

Texte überarbeiten: Die Schreibkonferenz

Oleg hat eine unglaubliche Geschichte erfunden.

 1 **a.** Bildet Dreiergruppen.
b. Lest die Geschichte.

1 *Ein Elefant und eine Maus sind Freunde.*
2 *Sie mögen beide Käse.*
3 *Eines Tages lädt die Maus den Elefanten ein.*
4 *Die Maus sagt: „Komm mich doch morgen besuchen!"*
5 *Der Elefant sagt: „Sehr gern, vielen Dank!"*
6 *Die Maus sagt: „Es gibt besonderen Käse."*
7 *Der Elefant freut sich sehr.*
8 *Der Elefant kommt. Er sieht das kleine Mauseloch.*
9 *Da bläst er alle Luft aus seinem Rüssel.*
10 *Da ist er geschrumpft.*
11 *Da passt er durch das Loch.*
12 *Endlich kann er wieder tief Luft holen.*
13 *Denn die Wohnung der Maus ist so groß wie ein Elefant!*

Oleg, Anna und Sven möchten die Geschichte gemeinsam in einer Schreibkonferenz überarbeiten.

In der Geschichte beginnen viele Sätze mit da.

9 *Da bläst er alle Luft aus seinem Rüssel.*
10 *Da ist er geschrumpft.*
11 *Da passt er durch das Loch.*

 2 Wie kann Oleg die Sätze anders formulieren?
Probiert verschiedene Möglichkeiten aus.
Schreibt die neuen Sätze auf.

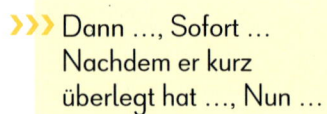
>>> Dann ..., Sofort ...
Nachdem er kurz
überlegt hat ..., Nun ...

Sven findet, dass Oleg den Elefanten und die Maus genauer beschreiben kann.

 1 *Ein Elefant und eine Maus sind Freunde.*

 3 Wie ist der Elefant? Und wie ist die Maus?
Ergänzt Adjektive (Wiewörter). Schreibt Sätze auf.

》》 riesiger, dicker …
winzige, kleine …

Anna möchte der Geschichte eine Überschrift geben.

 4 Überlegt euch eine passende Überschrift.
Schreibt sie auf.

 5 Schreibe die überarbeitete Geschichte in dein Heft.
Verwende die Ergebnisse von den Aufgaben 2–4.

Ihr könnt eure eigenen Texte in einer Schreibkonferenz überarbeiten.

⚙ **Arbeitstechnik**

Eine Schreibkonferenz durchführen

- Einer **liest** seinen **Text vor**. Die anderen **hören** genau **zu**.
  – Was **gefällt** euch **gut**?
  – Was habt ihr **nicht verstanden**?
- **Überarbeitet** gemeinsam den Text, bis er euch gefällt.
  Überarbeitet zum Beispiel:
  – die **Satzanfänge**
  – die **Verben** (Tunwörter)
  – die **Adjektive** (Wiewörter)
- **Überprüft**, ob alles **richtig geschrieben** ist.
- Schreibt zum Schluss den überarbeiteten Text ordentlich auf.

Tier-Steckbriefe schreiben

Mit einem Tier-Steckbrief könnt ihr Tiere beschreiben.

 Lest den Steckbrief.

Tier-Steckbrief

der Name:	– der Teichmolch
die Größe:	– etwa 11 cm lang
das Aussehen:	– Oberseite schwarz-grau mit dunklen Punkten
	– vier Beine mit je vier Zehen
die Heimat:	– Deutschland und andere europäische Länder
der Lebensraum:	– Wälder, Gärten, an Gewässern
die Nahrung:	– Insekten, zum Beispiel Wasserflöhe
die Besonderheiten:	– die Larven leben in Gewässern, die Molche leben an Land

- Welches Tier wird beschrieben?
- Was wird beschrieben?
- Welche besondere Form hat der Tier-Steckbrief?

⟫⟫ der Name, die Größe …

⚙ Arbeitstechnik

Einen Steckbrief planen, schreiben, überarbeiten

- Ich **sammle Informationen**.
- Ich **ordne** die Informationen den Kategorien zu.
- Ich schreibe **Stichworte** auf.
- Ich **überprüfe:**
  Sind die Informationen **vollständig** und **verständlich**?
- Ich **überarbeite**. Ich schreibe den Steckbrief ab.
- Ich **gestalte** den Steckbrief, z. B. mit einem Foto.

Du kannst einen Tier-Steckbrief schreiben.
Der Text auf Seite 209 informiert über die Kreuzotter.

📖 Die Kreuzotter

1 Die Kreuzotter ist eine gefährliche Giftschlange.

2 Sie steht unter Naturschutz.

3 Die Kreuzotter lebt an Waldrändern, unter großen

4 Steinen oder in der Nähe von Mooren. Sie ist vor allem

5 an warmen Tagen unterwegs. Dann schlängelt sich

6 die Kreuzotter über den Boden. So erbeutet[1] sie Mäuse,

7 Frösche oder Eidechsen. Die Kreuzotter tötet die Beute[2]

8 mit ihren Giftzähnen. Wenn die Kreuzotter sich

9 angegriffen fühlt, beißt sie auch Menschen.

10 Die Kreuzotter ist etwa 50 bis 70 cm lang.

11 Sie hat ein Schuppenmuster. Auf dem Rücken sieht es

12 aus wie ein dunkles Zickzack-Band.

[1] **erbeutet:** fängt
[2] **die Beute:** die gefangenen Tiere

Mit Fragen könnt ihr die wichtigen Informationen finden.

👥👄 **3** Lest euch die Fragen ①–⑥ gegenseitig vor.
Beantwortet sie.

① Wie heißt das Tier?
② Wie groß ist das Tier?
③ Wie sieht es aus?
④ Wo lebt das Tier?
⑤ Wovon ernährt es sich?
⑥ Was ist besonders?

»» ① der Name
② die Größe
③ das Aussehen
④ der Lebensraum
⑤ die Nahrung
⑥ die Besonderheiten

✏ **4** Schreibe die Antworten zu den Fragen ①–⑥ in dein Heft.
Schreibe Sätze auf.

In einem Steckbrief kannst du andere kurz und übersichtlich über die Kreuzotter informieren.

✏ **5** Schreibe einen Tier-Steckbrief auf ein Blatt.
• Verwende deine Antworten von Aufgabe 4.
• Formuliere aus den Sätzen Stichworte.

Tier-Steckbrief

1 der Name
2 die Größe
3 das Aussehen
4 der Lebensraum
5 die Nahrung
6 die Besonderheiten

Wiederholung: Buchstaben und Laute

Auf Vokale achten

 1 Wie heißen diese Kinder?
Versuche die Namen vorzulesen.

S■m■r■   M■rk■s   S■m■n   ■ng■l■k■
  a i a   a u   i o   A e i a

>>> Angelika
Simon
Samira
Markus

2 **a.** Schreibe die Namen in dein Heft.
b. Markiere die ergänzten Buchstaben.

> **!** A, e, i, o, u bringen Wörter zum **Klingen**.
> A, e, i, o, u heißen **Vokale (Selbstlaute)**.
> Die meisten anderen heißen **Konsonanten (Mitlaute)**.

3 **a.** Was siehst du auf den Bildern?
Sprich dir die Wörter vor. Höre genau hin.

  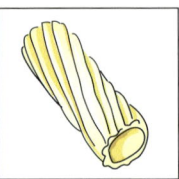 

>>> das Brot
das Klo
das Sofa
die Nudel

  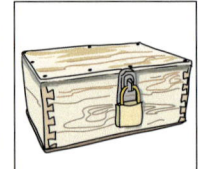 

>>> das Kind
die Kiste
der Hund
die Pizza

b. Schreibe jedes Wort richtig in dein Heft.
Ergänze die fehlenden Vokale.

das Kl■   das Br■t   die N■d■l   das S■f■
der H■nd   das K■nd   die K■st■   die P■zz■

Verbundene Vokale: ei, au und eu

1 **a.** Sprich dir alle Wörter vor.

das Eisen das Bein wir weinen leise
das Auto der Baum wir bauen wir laufen
die Eule die Leute die Beule der Freund

b. Sprich nur die blauen Buchstaben vor.
Was entdeckst du?

> Manchmal sind **zwei Vokale** verbunden.
> Auch **verbundene Vokale (Zwielaute)**
> bringen Wörter zum Klingen: ei au eu

2 **a.** Schreibe die Wörter aus Aufgabe 1 in dein Heft.
b. Markiere die verbundenen Vokale.

 das Ei sen, ...
das Au to, ...

3 **a.** Lies das Wort leise.

die Lei ter

b. Sprich das Wort langsam und
schreibe es gleichzeitig.

4 Sprich und schreibe diese Wörter genauso:

die Pause das Haus die Ameise neu
wir kaufen laut wir zeigen heute

5 **a.** Wähle 5 Wörter von dieser Seite aus.
b. Schreibe sie in schöner Schrift in dein Heft.

Umlaute: Ä,ä Ö,ö Ü,ü

In vielen Sprachen entstehen durch kleine Zeichen neue Buchstaben.
In der deutschen Sprache ist es dieses Zeichen: ¨

A → Ä   O → Ö   U → Ü
a → ä   o → ö   u → ü

1 a. Lies die Wörter.

der Ärger	das Öl	die Übung
der Bär	die Lösung	der Würfel
wir erzählen	wir hören	wir dürfen
spät	schön	müde

b. Schreibe die Wörter in dein Heft.
c. Markiere alle Ä, ä, Ö, ö, Ü, ü.

> **!** Auch Ä, ä, Ö, ö, Ü, ü sind Vokale.
> Wir nennen sie **Umlaute**.

2 a. Finde weitere Wörter mit diesen Umlauten.
b. Schreibe die Wörter in dein Heft.
c. Markiere alle Ä, ä, Ö, ö, Ü, ü.

die Säge
der Föhn
der Löwe
die Tür

W **3** a. Zeichne eine Tabelle in dein Heft.
b. Ordne alle Wörter nach den Umlauten.

Ä, ä	Ö, ö	Ü, ü
der Ärger	das Öl	...

Umlaute entstehen oft, wenn wir die Mehrzahl bilden.

 ## Was ist in der Klasse los?

1 Die M▪bel stehen nicht
2 an ihren Pl▪tzen.
3 Die Schr▪nke stehen
4 mitten im Raum.
5 Die Tische und die St▪hle
6 stehen an den W▪nden.
7 Die B▪cher und die Bl▪tter
8 liegen auf dem Boden.

>>> die Bücher
die Blätter
die Möbel
die Plätze
die Stühle
die Schränke
die Wände

 **4** a. Lies dir den Text vor. Ergänze dabei die Umlaute.
b. Schreibe die ergänzten Wörter in dein Heft.

5 a. Finde zur Einzahl die passende Mehrzahl.

a → ä	das Rad	die Dächer
	das Blatt	die Räder
	das Dach	die Schränke
	der Schrank	die Blätter

u → ü	das Buch	die Tücher
	der Hut	die Stühle
	das Tuch	die Bücher
	der Stuhl	die Hüte

o → ö	der Korb	die Vögel
	das Wort	die Köpfe
	der Vogel	die Körbe
	der Kopf	die Wörter

b. Schreibe die Wortpaare in dein Heft.
c. Markiere die Vokale in der Mitte.

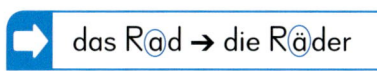 das R@d → die R@der

das Blatt
die Blätter
der Korb
die Körbe
der Hut
die Hüte
das Buch
die Bücher
das Dach
die Dächer
der Vogel
die Vögel

Mitsprechwörter – Nachdenkwörter – Merkwörter

Silben sprechen und schreiben

Die Kinder in der Klasse klatschen ihren Namen.

1 a. Klatsche die Namen nach.
   b. Klatsche deinen Namen.
   c. Bei welchem Namen hast du
      am häufigsten geklatscht?

Wenn wir Wörter klatschen, hören wir Silben.
1-mal klatschen = 1 Silbe, 2-mal klatschen = 2 Silben …

2 a. Klatsche auch diese Wörter.

   das Mar me la den brot   wir dür fen   das Buch

   die Mu sik stun de   wir ma len   die Ta sche

   die Turn hal le   wir hö ren   die Ta fel   der Pin sel

   b. Wie viele Vokale hat jede Silbe?
      Ergänze die Lücke. Schreibe in dein Heft.

      Jede Silbe hat ▨▨ Vokal (Selbstlaut).

Mitsprechwörter abschreiben

**Viele Wörter schreiben wir so, wie wir sie sprechen
und hören. Diese Wörter sind Mitsprechwörter.**

 3 Sprich diese Wörter.
Klatsche bei jeder Silbe in die Hände.

die Ba na ne   wir fra gen   die Schu le   das Dorf

wir ma len   Af ri ka   schön   wir ho len   wir to ben

wir be we gen   der Mo tor   das Wör ter buch

4 Schreibe die Wörter in dein Heft ab.
Mache es dabei wie Samira.

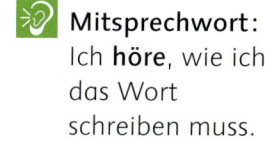

So schreibe ich Mitsprechwörter ab.

1. Ich lese das Wort.

2. Ich spreche das Wort Silbe für Silbe.

3. Ich höre 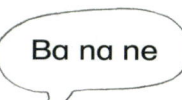, wie ich das Wort schreiben muss.

4. Ich decke das Mitsprechwort zu.

5. Ich spreche das Wort Silbe für Silbe
und schreibe dabei.

6. Ich spreche das Wort und
male einen Bogen unter jede Silbe.

7. Ich vergleiche.

8. Ich verbessere.

> Mitsprechwort:
> Ich höre, wie ich
> das Wort
> schreiben muss.

Ba na ne

Wörter mit b/d/g am Ende

Enrico hat eine Frage. Die Lehrerin hilft ihm.

Wie finde ich heraus, wie man Ber▮ am Ende schreibt?

Verlängere das Wort:
das Ra**d** – viele Rä**d**er.
Mache es bei Ber▮ genauso.

 1 a. Was siehst du auf den Bildern?
   Sprich dir die Wörter vor.

   b. Verlängere die Wörter: Bilde dazu die Mehrzahl.

der Ber▮   die Han▮   die Wan▮   der Win▮   das Kal▮   **》》》 b? d? g?**

der Zwei▮   der Zu▮   der Hun▮   der Sta▮   das Ban▮   **》》》 b? d? g?**

Enrico muss über diese Wörter nachdenken.
Dann weiß er, wie er sie schreiben muss.
Diese Wörter sind Nachdenkwörter.

 2 Schreibe die Wörter aus Aufgabe 1 in dein Heft ab.

 Der Wortprofi für Nachdenkwörter hilft dir.
Achte auf die Schritte 1, 3 und 6.

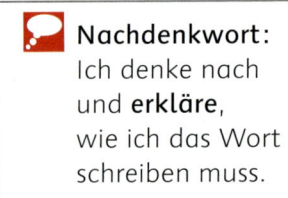
Nachdenkwort:
Ich denke nach
und **erkläre**,
wie ich das Wort
schreiben muss.

1. Ich lese das Wort **Berg**.

3. Ich denke nach 💬 **und erkläre,**
   wie ich das Wort schreiben muss.
   Ich verlängere das Wort.

6. Ich schreibe in Klammern die **Erklärung**:

   der Berg (➜ die Berge)

Wörter mit äu, ä, ö, ü

**Enrico und seine Freunde überlegen,
wie man Wörter richtig schreibt.**

Warum schreibt man Häuser
nicht mit eu wie bei Freund?

Ja, und Bäume
nicht mit eu wie bei heute?

Ich kann es erklären:
ein Haus → viele Häuser.

 1 Wie erklärt es Enrico?
Ergänze die Sätze. Schreibe in dein Heft.

Ich schreibe Häuser mit äu, weil es von H■■s kommt.
Ich schreibe Bäume mit äu, weil es von B■■m kommt.

**Denke also bei Häuser an Haus, bei Bäume an Baum.
Häuser und Bäume sind Nachdenkwörter.**

 2 Schreibe diese Wörter ab.
Benutze den Wortprofi für **Nachdenkwörter**.

→ Nachdenkwörter
abschreiben: Seite 278

die Häuser   die Mäuse   die Läuse   die Bäuche   die Sträucher
die Räume   die Bäume   die Träume   die Fäuste   die Zäune

! äu, ä, ö und ü sind **Umlaute**.

 3 a. Lies die lustigen Fragen.
b. Schreibe die Wörter mit Umlauten auf.

1 Gibt es Hexen in den W■ldern?

2 Haben M■■se wohl auch L■■se?

3 Gibt es N■sse auf den D■chern?

 4 Schreibe die lustigen Fragen in dein Heft.

Mitsprechwörter und Nachdenkwörter

Mitsprechwörter schreibst du so, wie du sie sprichst und hörst.

 die Banane

Bei **Nachdenkwörtern** musst du nachdenken, wie man sie schreibt.

 die B??me
(→ der Baum)

1 Welche Wörter sind **Mitsprechwörter**, welche **Nachdenkwörter**? Sprich jedes Wort Silbe für Silbe.

die Häuser	arbeiten	die Schränke	die Wände	das Fach
die Mäuse	der Zwerg	das Land	die Fächer	das Haus
die Läuse	die Blume	das Feuer	die Schweine	die Laus
die Träume	die Kreide	hören	die Reise	die Maus
das Hemd	der Tag	die Ananas	der Korb	der Schrank
				die Wand

Häuser ist ein Nachdenkwort, weil es von Haus kommt.

Ananas ist ein Mitsprechwort. Ich schreibe es so, wie ich es spreche und höre.

Tag ist ein Nachdenkwort. Ich denke nach und erkläre, wie ich das Wort schreiben muss. Ich verlängere das Wort: ein Tag – viele Tage.

2 a. Wähle 8 Wörter aus.
b. Schreibe sie in dein Heft ab. Benutze die Wortprofis.
c. Zeichne die Bilder dazu:

→ Wörter abschreiben: Seite 278

Merkwörter

**Bei vielen Wörtern hört ihr nicht, wie man sie schreibt.
Ihr könnt es auch nicht erklären.
Diese Wörter müsst ihr euch merken.
Deshalb heißen sie Merkwörter** .

1 Welche Wörter sind **Nachdenkwörter**,
welche **Merkwörter**?
Sprich jedes Wort Silbe für Silbe.

der **Za**hn	das Kin**d**	die **H**ände	der Stu**h**l
das Hem**d**	die **M**äuse	die Wände	die **V**orsicht
der **V**ater	die **B**ahn	die **Z**ahl	die H**öh**le
vor	ihre	viele	voll
fahren	der **V**ogel	vielleicht	der Ber**g**

 2 **a.** Schreibe die **Merkwörter** in dein Heft ab.
b. Zeichne das Bild dazu:

**Der Wortprofi für Merkwörter hilft dir.
Achte auf die Schritte 1, 3 und 6.**

 Merkwort:
Ich **merke** mir,
wie ich das Wort
schreiben muss.

1. Ich lese das Wort **Zahn**.

2. Ich spreche das Wort Silbe für Silbe.

3. Ich merke mir ,
wie ich das Wort schreiben muss.

4. Ich decke das **Merkwort** zu.

5. Ich spreche das Wort
Silbe für Silbe und schreibe dabei.

6. Ich kreise die **Merkstelle** im Wort ein:

der Za(h)n

7. Ich vergleiche.

8. Ich verbessere.

Richtig abschreiben

Wörter abschreiben

 Die Delfine

1 Maria und Enrico / sind im Zoo. / Sie gehen /

2 zu den Delfinen. / Ein Delfin springt /

3 über einen Stab. / Ein anderer Delfin / spielt Ball. /

4 Ein kleiner Delfin / winkt stolz / mit seiner Flosse. /

5 Enrico staunt. / Die Tiere sind / so schlau. /

6 Maria hat sich / in den kleinen Delfin / verliebt.

 **1** a. Lies alle blauen Wörter.
b. Überlege bei jedem Wort: Ist es ein Mitsprechwort,
ein Nachdenkwort oder ein Merkwort?

> Maria ist für mich ein Mitsprechwort.
> Ich schreibe, wie ich spreche und höre.

| Mitsprechwort: Ich **höre**, wie ich das Wort schreiben muss. |

> Stab ist für mich ein Nachdenkwort:
> Ich höre scht, schreibe aber st.

| Nachdenkwort: Ich denke nach und **erkläre**, wie ich das Wort schreiben muss. |

> Stab ist für mich auch ein Nachdenkwort:
> Ich verlängere das Wort: viele Stäbe.

| Merkwort: Ich **merke** mir, wie ich das Wort schreiben muss. |

> Enrico ist für mich ein Merkwort.
> Ich merke mir das c.

 2 a. Schreibe die blauen Wörter aus dem Text
in dein Heft. Benutze die Wortprofis.

b. Zeichne die Bilder dazu:

→ Wörter abschreiben: Seite 278/279

Sätze abschreiben

1 Schreibe mindestens 3 Sätze aus dem Text
Die Delfine in dein Heft ab.
Schreibe nur in jede zweite Zeile.

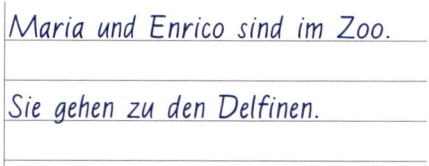

Maria und Enrico sind im Zoo.

Sie gehen zu den Delfinen.

So schreibe ich Sätze ab.

1. **Ich lese** den ersten Satz.

2. **Ich merke mir** die Wörter
   bis zum Strich genau.

3. Ich decke die Wörter ab.

4. **Ich schreibe** die Wörter auf.

5. **Ich vergleiche**.
   Ich streiche Fehlerwörter durch.

6. Ich schreibe die Wörter
   richtig über die Fehlerwörter.

7. Ich schreibe Teil für Teil so ab.

**Mit einem Lesestreifen kannst du
die Wörter abdecken.**

 2 Bastele einen Lesestreifen.

- Schneide einen Streifen Papier aus:
  20 cm lang, 4 cm breit.
- Schneide oben ein Stück heraus:
  8 cm lang, 2 cm breit.
- Bemale den Streifen oder beklebe ihn.

1. Trainingseinheit

 **Bei den Pinguinen im Zoo**

1 Die Pinguine / laufen / in ihrem Gehege / umher. /

2 Sie haben / Hunger. /

3 Endlich kommt / die Tierpflegerin. /

4 Sie bringt / den Eimer / mit Fischen. / ▲

5 Fische sind / die Lieblingsspeise / der Pinguine. /

6 Die Pinguine / holen sich / ihr Futter. / ●

7 Die Tierpflegerin / wirft / den letzten Fisch /

8 ins Wasser. / Die Pinguine / springen / hinterher. /

9 Jeder will / nämlich / noch etwas / abbekommen. / ■

(55 Wörter)

 1 Was ist die Lieblingsspeise der Pinguine?
Schreibe den Satz in dein Heft ab.

**Viele Wörter schreiben wir so, wie wir sie sprechen
und hören. Diese Wörter sind Mitsprechwörter.** 👂

 2 Im Text sind einige Wörter hervorgehoben.

   a. Lies die hervorgehobenen Wörter.
   b. Schreibe die Wörter in dein Heft ab.
       Benutze den Wortprofi für **Mitsprechwörter**.
       Achte besonders auf die Schritte 2, 3 und 6.

➜ Mitsprechwörter
abschreiben: Seite 278

  2. Ich spreche das Wort Silbe für Silbe.

  3. Ich höre 👂, wie ich das Wort schreiben muss.

  6. Ich spreche das Wort und
      male **einen Bogen unter jede Silbe**.

 3 Schreibe auch die folgenden Wörter in dein Heft ab.

   der Elefant, der Hase, der Löwe, das Nashorn, der Rabe

➜ Mitsprechwörter
abschreiben: Seite 278

Nomen schreibt man groß.
Oft steht ein Artikel (Begleiter) vor dem Nomen.

4 **a.** Zeichne eine Tabelle.
b. Ordne die Nomen aus Aufgabe 2 und 3 ein.
Schreibe die Nomen mit Artikel (der, das, die) auf.

der	das	die
der Fisch	das Gehege	...
...	...	

5 Ordne auch diese Nomen in deine Tabelle.

die Ampel   das Gift   das Glas   das Lineal
die Lupe   der Nagel   der Onkel   das Paket
die Tasche   das Telefon   der Wal   die Wespe

In der folgenden Geschichte fehlen Nomen.

6 **a.** Lies die Geschichte.
b. Ergänze die passenden Nomen.

1 **Sara ist mit ihrem Onkel und ihrer ⬚ im Zoo.**
2 **Sara möchte große Tiere sehen.**
3 **Als Erstes entdecken sie ein dickes ⬚.**
4 **Daneben steht der ⬚ mit seinem dicken Rüssel.**
5 **Dann hören sie ein lautes Gebrüll.**
6 **Es ist der ⬚.**
7 **Der Onkel lässt vor Schreck seine ⬚ fallen.**

››› Nashorn
Löwe
Tasche
Tante
Elefant

7 **a.** Wähle 5 Sätze aus.
b. Schreibe sie in dein Heft.
Achtung: Nomen schreiben wir immer groß!

8 Schreibe den Text **Bei den Pinguinen im Zoo**
in dein Heft ab.
Überlege dir vorher, was du schaffen kannst:
Ich schaffe es ohne Fehler bis zum ▲, ● oder ■.
Benutze den Satzprofi.

 → Sätze abschreiben: Seite 279

2. Trainingseinheit

📖 **In der Geisterstunde**

1 Die Mutter liegt / im Bett / und liest. /

2 Der Vater / schläft schon. /

3 Die Uhr schlägt / zwölfmal: / Geisterstunde! /

4 Der Vater / wacht auf. /

5 „Draußen ist / ziemlich viel Lärm." / ▲

6 Eine dunkle Stimme ruft: /

7 „Ich bin ein Gespenst / und fliege /

8 durch die Nacht!" /

9 Der Vater schließt / die Tür ab. / ●

10 Die Eltern hören / wieder Lärm. /

11 Dann ist es / schließlich still. /

12 Kichernd schleicht Jan / in sein Zimmer. / ■ (63 Wörter)

✏ **1** Was sagt das Gespenst?
Schreibe den Satz in dein Heft ab.

👁👂✏ **2** Im Text sind Wörter mit **ie** hervorgehoben.

    a. Lies die Wörter mit **ie** vor.

    b. Schreibe die Wörter in dein Heft ab.
       Benutze die Wortprofis.

    c. Markiere alle **ie**.

➔ Mitsprechwörter /
Nachdenkwörter
abschreiben: Seite 278

Ⓩ ✏ **3** **a.** Wähle 5 Wörter mit **ie** aus Aufgabe 2 aus.

    b. Schreibe mit diesen Wörtern jeweils einen Satz
       in dein Heft.

    c. Markiere die Wörter mit **ie**.

Wenn du ein langes i hörst, schreibst du fast immer ie.

Die folgenden Bilder zeigen Lebewesen und Gegenstände. Sie werden alle mit ie geschrieben.

 **4** a. Welche Silben passen zusammen?
b. Schreibe die Wörter in dein Heft.

der **Spie**) **ge** die **Wie**) **re**

die **Lie**) **gel** die **Tie**) **ge**

Z **Diese Wörter gehören alle zur Wortfamilie liegen.**

liegen → die Liege, liegen lassen, die Liegewiese

Z ✐ **5** a. Schreibe die Wörter der Wortfamilie **liegen** ab.
b. Markiere alle **ie**.
c. Schreibe mit jedem Wort einen Satz in dein Heft.

→ Mitsprechwörter/ Nachdenkwörter abschreiben: Seite 278

Z ✐ **6** Ergänze in den Lücken die richtige Form von **liegen**.
Schreibe die Sätze in dein Heft.

1 Jans Mutter ▒▒▒ im Bett und liest.

2 Ich ▒▒▒ im Sommer gern auf einer Decke.

3 Du ▒▒▒ bestimmt gerne auf einer Wiese.

4 Wir ▒▒▒ schon morgens in der Hängematte.

5 Wo sind meine Socken? Sie ▒▒▒ neben der Tasche.

6 Ihr ▒▒▒ auf meinem Mantel!

>>> ich liege
du liegst
er/sie/es liegt
wir liegen
ihr liegt
sie liegen

 7 Schreibe den Text **In der Geisterstunde** in dein Heft ab.
Überlege dir vorher, was du schaffen kannst:
Ich schaffe es ohne Fehler bis zum ▲, ● oder ■.
Benutze den Satzprofi.

→ Sätze abschreiben: Seite 279

3. Trainingseinheit

📖 Ein Ausflug mit der Klasse

1 Die Klasse 5a / plant einen Ausflug. /

2 Martin möchte / an einen Strand / mit Sand. /

3 Peter möchte / eine Burg besichtigen. /

4 Olga möchte lieber / ins Schwimmbad fahren. / ▲

5 Emma ist / für einen Ausflug / in den Park. /

6 Die Klasse findet / den Vorschlag gut. /

7 Sie möchte / am Abend grillen. / ●

8 Die Schüler bringen / einen Korb /

9 mit Brot, / Salat und Würsten mit. / ■   (58 Wörter)

✏️ **1** Was möchte die Klasse am Abend tun?
Schreibe den Satz in dein Heft ab.

👁️✏️✏️ **2** Im Text sind Wörter mit **b**, **d**, **g** hervorgehoben.

a. Lies die hervorgehobenen Wörter.
b. Schreibe die Wörter in dein Heft ab.
Benutze den Wortprofi für **Nachdenkwörter**.
Achte besonders auf die Schritte 1, 3 und 6.

→ Nachdenkwörter
abschreiben: Seite 278

1. Ich lese das Wort **Ausflug**.

3. **Ich denke nach** 💬 und **erkläre**,
wie ich das Wort schreiben muss.
Ich verlängere das Wort.

6. Ich schreibe in Klammern die **Erklärung**:

der Ausflug (→ die Ausflüge)

››› die Abende, die Strände,
die Ausflüge,
die Burgen, die Körbe,
die Schwimmbäder,
die Vorschläge

3 a. Was siehst du auf den Bildern?
b. Lies die Mehrzahl.
c. Ergänze die Einzahl.

die Berge → der ____

die Kinder → das ____

die Bilder → das ____

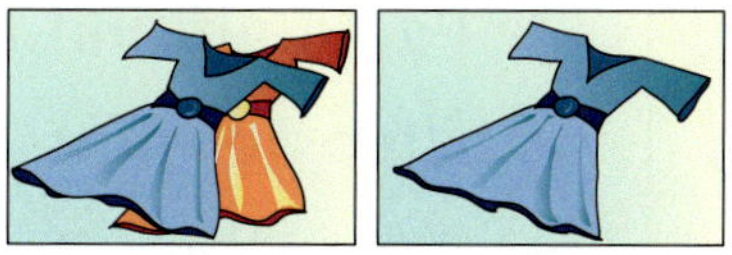
die Kleider → das ____

die Monde → der ____

die Burgen → die ____

4 Lies die Wörter vor. Achte auf die blauen Buchstaben.

das Kind	das Bild	der Berg	das Kalb	der Korb
die Burg	das Feld	die Kleider	die Monde	das Bad
der Weg	die Liebe	die Wand	der Wagen	die Zweige
geben	loben	wiegen	siegen	finden

5 Welche Wörter haben **b**, **d** oder **g** am Ende?
Schreibe diese Wörter in dein Heft ab.
Benutze den Wortprofi für **Nachdenkwörter**.

→ Nachdenkwörter abschreiben: Seite 278

➡ das Kind → die Kinder

6 Schreibe den Text **Ein Ausflug mit der Klasse** in dein Heft ab.
Überlege dir vorher, was du schaffen kannst:
Ich schaffe es ohne Fehler bis zum ▲, ● oder ■.
Benutze den Satzprofi.

→ Sätze abschreiben: Seite 279

4. Trainingseinheit

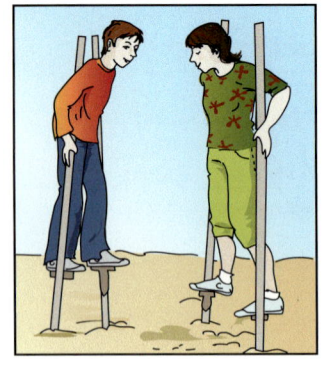

📖 **Sportlich, sportlich!**

1 Auf dem Spielplatz / ist was los. /

2 Simon springt / vom Kletterturm. /

3 Maria spielt / Tischtennis. / ▲

4 Paul läuft mit Nina / auf Stelzen / um die Wette. /

5 Nina gewinnt, / sie ist stolz. / ●

6 Zwei ältere Damen / staunen über /

7 die sportlichen Kinder. /

8 Die Kinder bleiben hier / viele Stunden. / ■   (43 Wörter)

🖊 **1** Wie lange bleiben die Kinder auf dem Spielplatz?
Schreibe den Satz in dein Heft ab.

👂🖊 **2** a. Lies die blauen Wörter aus dem Text vor.
b. Was fällt dir auf?
Ergänze die Lücken. Schreibe in dein Heft.

Ich höre 👂 schp, aber schreibe 🖊 ____ .

Ich höre 👂 scht, aber schreibe 🖊 ____ .

👂🖊 **3** a. Was siehst du auf den Bildern?
b. Sprich die Wörter laut und deutlich.
c. Schreibe die Wörter in dein Heft.

die ██inne   der ██atz   das ██ringseil   der ██iegel   ›››Sp

der ██ern   der ██uhl   der ██ift   der ██iefel   ›››St

4 a. Sprich die Wörter laut und deutlich.

springen	sparen	stellen	der Sturm	stark
der Sport	still	die Stunde	das Spiel	staunen
die Straße	die Spitze	sprechen	spät	stolz

b. Ordne die Wörter nach **Sp/sp** und **St/st** in dein Heft.

Sp/sp	St/st
springen	...
...	

5 a. Finde in der Wörterliste weitere Wörter mit **Sp/sp** und **St/st**.

→ Wörterliste: Seite 284–295

b. Ergänze deine Tabelle von Aufgabe 4.

6 Bilde Wörter mit **Sp/sp** und **St/st**.

a. Sprich die Wörter laut und deutlich.

▓ringen   ▓ielen   ▓ät   ▓rechen

▓ellen   ▓ürmen   ▓ill   ▓umm   ▓reichen

der ▓aß   der ▓ort   der ▓ion   die ▓inne

die ▓▓adt   die ▓▓imme   der ▓▓off   die ▓▓unde

⟩⟩⟩ sp
⟩⟩⟩ st
⟩⟩⟩ Sp
⟩⟩⟩ St

b. Schreibe jedes Wort auf eine Karte.
c. Markiere **Sp/sp** und **St/st**.
d. Sortiere die Karten nach **Sp/sp** und **St/st**.
e. Bilde mit den Wörtern Sätze.

Das Pferd (sp)ringt über ein Hindernis.

7 Schreibe den Text **Sportlich, sportlich!** in dein Heft ab. Überlege dir vorher, was du schaffen kannst:
Ich schaffe es ohne Fehler bis zum ▲, ● oder ■.
Benutze den Satzprofi.

→ Sätze abschreiben: Seite 279

5. Trainingseinheit

📖 **Das ist Kim**

1 Hier seht ihr Kim. / Sie ist / zwölf Jahre alt. /

2 Morgens geht sie / zur Schule. /

3 Ihr Lieblingsfach / ist Kunst. /

4 Aber Mathematik / kann sie nicht leiden. /

5 Heute schreibt sie / einen Test. / ▲

6 In der Pause / trifft sie / ihre Freunde. /

7 In der letzten Stunde / hat sie Sport. /

8 Nach der Schule / fährt Kim / mit dem Bus /

9 nach Hause. / ●

10 Am Nachmittag / geht sie / mit ihrem Hund /

11 spazieren. / Danach erledigt sie /

12 die Hausaufgaben. / ■   (69 Wörter)

✏️ **1** Diese 4 Sätze stehen in dem Text.
Schreibe sie vollständig in dein Heft ab.

Hier seht ihr ▭.

Ihr Lieblingsfach ▭.

In der Pause ▭.

Am Nachmittag ▭.

In dem Text stehen 11 Sätze.

✏️ **2** Woran erkennst du Anfang und Ende der Sätze?
Ergänze die Lücken. Schreibe in dein Heft.

Am Ende von einem Satz steht meistens ein ▭.

Das erste Wort im Satz schreiben wir immer ▭.

 3 Was erzählt Kim?

> **I**ch Kim. heiße
>
> Lieblingsfach **M**ein Kunst. ist
>
> einen Test. **W**ir schreiben

   a. Bilde 3 Sätze.

   b. Schreibe die Sätze richtig in dein Heft.

Hier sind die Satzanfänge nicht großgeschrieben.
Und es fehlen 5 Punkte.

   ¹ **Kim hat gestern viel geübt heute schreibt sie**

   ² **einen Test der Test ist leicht**

   ³ **Kim freut sich schon auf Kunst dann malt sie**

   ⁴ **ein schönes Bild**

> Achtung:
> Fehler!

 4 Lies die Sätze vor. Sprich die Punkte mit.

5 Schreibe die Sätze richtig in dein Heft.
Denke daran:
- den Satzanfang großschreiben,
- am Ende vom Satz einen Punkt schreiben.

 6 Schreibe den Text **Das ist Kim** in dein Heft ab.
Überlege dir vorher, was du schaffen kannst:
Ich schaffe es ohne Fehler bis zum ▲, ● oder ■.
Benutze den Satzprofi.

→ Sätze abschreiben: Seite 279

Arbeitstechniken

Das Alphabet üben

A	B²	C	D	E³	F	G	H⁴	I	J	K⁵	L

Das Alphabet (Abc) hat 26 Buchstaben.
Hier sind die Buchstaben wie auf dem Handy angeordnet.

1 Spielt mit dem Alphabet (Abc).

    a. Legt eine Münze auf einen Buchstaben.
       Lasst euren Nachbarn den Buchstaben raten.
       Wechselt euch ab.

    b. Spielt jetzt mit 2 Münzen: Deckt dazu
       2 Buchstaben nebeneinander zu.

So könnt ihr das Alphabet (Abc) auswendig lernen:

2 Lest das Alphabet mehrmals gemeinsam laut vor.
Macht nach jedem Kästchen eine kurze Pause.
Versucht, die Augen zu schließen.

Vornamen kannst du nach dem Abc ordnen.

3 **a.** Schreibe alle Buchstaben nach dem Abc
      untereinander in dein Heft.
   b. Schreibe die Namen zu den passenden Buchstaben.

    Angelika   Dogan   Samira   Mia   Kim   Jens
      Heike   Tom   Enrico   Paul   Britta
    Ilka   Gerd   Yvonne   Lars   Oliver   Nina

A Angelika
B Britta
C

   c. Ergänze weitere Namen.

6				7			8			9	
M	N	O	P	Q	R	S	T	U	V	W	X	Y	Z

**Die Sachen aus der Schultasche
könnt ihr nach dem Abc ordnen.**

4 **a.** Holt diese Sachen aus der Schultasche:

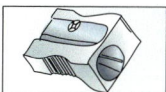 der Anspitzer

 das Buch

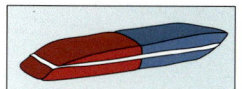 der Radiergummi

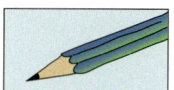 der Stift

 das Mäppchen

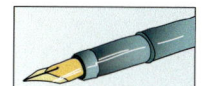 der Füller

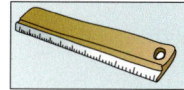 das Lineal

 das Heft

b. Ordnet die Sachen nach dem Abc.

c. Schreibt die Sachen nach dem Abc auf.

Du kannst Tiernamen wie im Lexikon ordnen.

5 Schreibe alle Tiernamen nach dem Abc in dein Heft.

 die Ameise

 die Giraffe

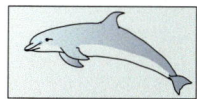 der Delfin

 der Frosch

 der Tiger

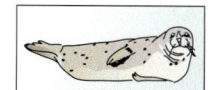 der Seehund

 der Wolf

 der Pinguin

Wörter ordnen und nachschlagen

Die folgenden Wörter beschreiben die Teile eines Computers.

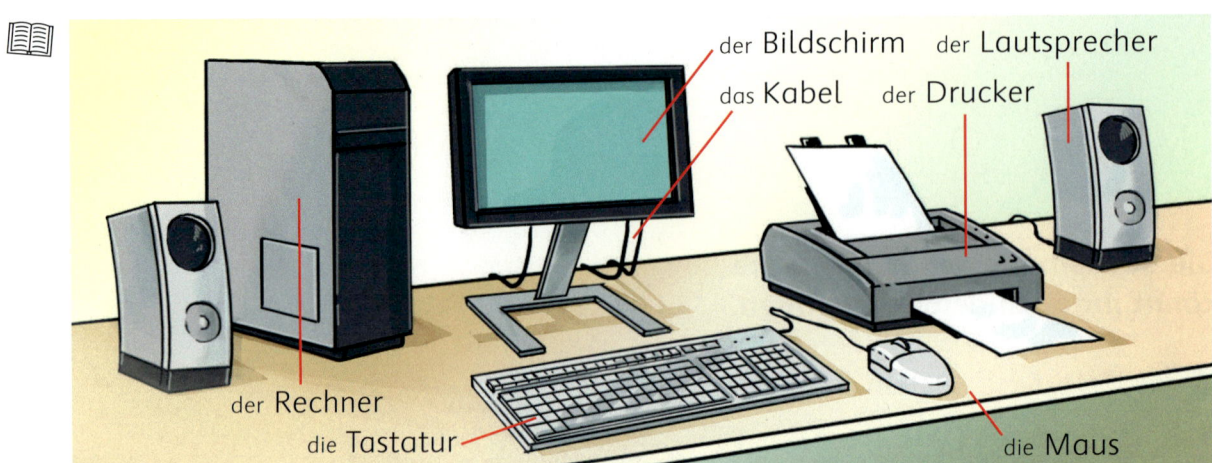

der Bildschirm der Lautsprecher
das Kabel der Drucker
der Rechner
die Tastatur
die Maus

1 a. Schreibe die Wörter nach dem Abc untereinander in dein Heft.

b. Suche jedes Wort in der Wörterliste. → Wörterliste: Seite 284–295

c. Schreibe die Seite in Klammern hinter jedes Wort.

➡ der Bildschirm (Seite 284)

Diese Wörter beginnen mit dem gleichen Buchstaben.
Deshalb sind sie nach dem 2. Buchstaben geordnet.

der Bach
der Besen
das Bild
der Brief

das Feld
der Finger
die Fliege
der Freund

das Salz
der Sonntag
der Stuhl
der Supermarkt

2 a. Schreibe die Wörter nach dem Abc untereinander in dein Heft.

b. Markiere den ersten und den zweiten Buchstaben.

In Wörterbüchern stehen Nomen immer in der Einzahl.

3 **a.** Schreibe die Nomen untereinander in dein Heft.
   b. Ergänze die Einzahl.

die Äpfel ➔ der _____   die Freunde ➔ der _____
die Häuser ➔ das _____   die Comics ➔ der _____
die Schränke ➔ der _____   die Städte ➔ die _____
die Stühle ➔ der _____   die Bäume ➔ der _____

4 **a.** Suche jedes Wort in der Wörterliste.   ➔ Wörterliste: Seite 284–295
   b. Schreibe die Seite und die Spalte hinter jedes Wort.

➡ die Äpfel ➔ der Apfel (Seite 284, Spalte 1)

Z **Hier ist ein Bild mit deutschen und englischen Wörtern.**

5 Was bedeuten die englischen Wörter?
Wie heißen die deutschen Wörter auf Englisch?

a. Schlage in einem Wörterbuch nach.
b. Schreibe die Wörter und ihre Übersetzung auf.

➡ das Fenster – the window

Training mit Wörterlisten

Manche Wörter sind nicht leicht zu schreiben.
Du kannst sie mit Wörterlisten üben.

W 1 Welche Wörter möchtest du üben?
Wähle eine Wörterliste aus.

1 Im Zirkus

→ Partnerdiktat
S. 242

der Zirkus

vorn

zuerst

drehen

brennend

sich setzen – er setzt sich

zaubern – er zaubert

das Ohr

die Tücher

2 Auf dem Jahrmarkt

→ Laufdiktat
S. 243

gehen – sie geht

das Popcorn

gefallen – es gefällt

sehr

lieb – lieber – am liebsten

stehen – sie steht

immer

das Riesenrad

3 Mitsprechwörter

→ 1. Trainingseinheit
S. 222

das Gehege

kommen – sie kommt

der Eimer

der Fisch

werfen – sie wirft

haben – er hat

holen – sie holt

jeder

4 Wörter mit ie

→ 2. Trainingseinheit
S. 224

liegen – sie liegt

lesen – sie liest

ziemlich

viel

fliegen – ich fliege

schließen – sie schließt

schließlich

wieder

5 Wörter mit b/d/g am Ende

→ 3. Trainingseinheit
S. 226

der Ausflug

der Strand

der Sand

die Burg

der Tag

das Schwimmbad

der Abend

6 Wörter mit sp/st

→ 4. Trainingseinheit
S. 228

der Spielplatz

spielen – sie spielt

die Stelzen

stolz

der Sportunterricht

staunen – er staunt

sportlich

die Stunden

Du kannst die Wörterlisten allein oder mit einer Partnerin/einem Partner üben.

 W **2** Wähle eine Übung aus.

Abschreiben

Schreibe die Wörter in dein Heft ab.
Benutze die Wortprofis.

→ Wörter abschreiben:
Seite 278/279

 ### Ordnen

a. Ordne die Wörter nach dem Abc.
b. Schreibe sie auf.

 ### Sätze bilden

a. Schreibe die Wörter in dein Heft ab.
b. Bilde mit jedem Wort einen Satz.
   Schreibe ihn auf.

→ Wörter abschreiben:
Seite 278/279

 ### Merken

a. Lies dir die Wörter vor.
b. Merke dir die Wörter.
c. Schreibe die Wörter auswendig auf.
d. Kontrolliere, was du geschrieben hast.
e. Streiche Fehlerwörter durch. Schreibe sie richtig darüber.

Diktieren

a. Suche eine Partnerin/einen Partner.
b. Lasse dir die Wörter diktieren.
c. Kontrolliere, was du geschrieben hast.
d. Streiche Fehlerwörter durch. Schreibe sie richtig darüber.

Du kannst aus deinen Fehlerwörtern eigene Wörterlisten schreiben und die Wörter üben.

Das Partnerdiktat

Bei einem Partnerdiktat schreibst du einen Text
mit Hilfe einer Partnerin/eines Partners auf.

 **Im Zirkus**

1 Uwe geht / in den Zirkus. / Er sitzt / ganz vorn. /

2 Zuerst kommen drei Elefanten. /

3 Sie drehen sich / im Kreis. /

4 Die Löwen springen /

5 durch brennende Reifen. /

6 Der Zauberer setzt sich / neben Uwe. /

7 Er zaubert / aus Uwes Ohr /

8 eine Blume / und bunte Tücher. /   (42 Wörter)

1 a. Lest den Text still.
   b. Sprecht über schwierige Wörter.
   c. Einigt euch, wer zuerst schreibt und wer diktiert.

2 Schreibt das Partnerdiktat.
   Beachtet dabei die Arbeitstechnik.

⚙ Arbeitstechnik

Das Partnerdiktat

Beim Diktieren:
- **Lies** zuerst den ganzen Satz **vor**.
  Sprich **langsam** und **deutlich**.

- **Diktiere** dann nacheinander
  die Wörter bis zum Strich.

Beim Schreiben:
- Höre **genau** zu.

- **Schreibe** die Wörter **auf**.
  Schreibe nur in jede zweite Zeile.

- **Kontrolliere**, was du geschrieben hast.
- **Streiche Fehlerwörter durch.**
  Schreibe die Wörter **richtig** darüber.

---

3 Vergleicht gemeinsam den Text mit der Vorlage.

Das Laufdiktat

Bei einem Laufdiktat läufst du zwischen dem Text und deinem Heft hin und her.

 Auf dem Jahrmarkt

1 Anna geht / auf den Jahrmarkt. /

2 Sie mag / den Duft / von Popcorn. /

3 Auch die Buden / gefallen ihr sehr. /

4 Am liebsten / steht Anna / beim Riesenrad. /

5 Dort ist immer / etwas los. /

(31 Wörter)

 1 Schreibe das Laufdiktat.
Beachte dabei die Arbeitstechnik.

> ## ⚙ Arbeitstechnik
>
> **Das Laufdiktat**
>
> - **Lies** den Text **sorgfältig** und in Ruhe.
> - **Lege** den Text weit **entfernt** ab, z. B. auf einen Tisch.
>
> - Gehe leise zu dem Tisch.
> - **Merke** dir die Wörter bis zum Strich.
> - Gehe mit den Wörtern im Kopf zurück zu deinem Platz.
> - **Schreibe** die Wörter **auf**.
>   Schreibe nur in jede zweite Zeile.
> - Gehe so oft hin und her, bis der ganze Text in deinem Heft steht.
>
> - **Kontrolliere**, was du geschrieben hast.
> - **Streiche Fehlerwörter durch.**
>   Schreibe die Wörter **richtig** darüber.

 2 Vergleiche deinen Text mit der Vorlage.

Nomen verwenden

Wie heißt mein Beruf?

Damit hat Frau Bernado in ihrem Beruf zu tun:

die Bürste

der Föhn

die Frau

das Haar

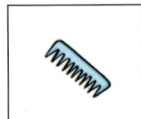
der Kamm

die Schere

das Shampoo

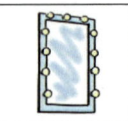
der Spiegel

der Umhang

das Haargel

die Kasse

das Handtuch

1 Welchen Beruf hat Frau Bernado?
Schreibe einen Satz in dein Heft.

2 a. Zeichne eine Tabelle in dein Heft.
b. Schreibe die Nomen (Namenwörter) mit Artikel auf.
c. Markiere den ersten Buchstaben von jedem Nomen.

→ Eine Tabelle zeichnen: Seite 275

der	das	die
der F öhn	…	…

> **Nomen (Namenwörter)** schreiben wir immer **groß**.
> Zu den Nomen gehört meist ein **Artikel (Begleiter)**:
> der, das, die.

Es gibt bestimmte und unbestimmte Artikel.

3 Lest die Sätze. Achtet auf die blauen Wörter.

Sieh mal, hier ist ein Frisörladen.

Ja, das ist der Frisörladen von Frau Bernado.

Wir sagen ein, eine, wenn wir etwas nicht genau kennen: ein Frisörladen.
Wir sagen der, das, die, wenn wir etwas genau kennen: der Frisörladen von Frau Bernado.

 4 **a.** Lies die Nomen und ergänze.

der Kamm – ein    der Spiegel –
das Haar – ein   das Shampoo –
die Bürste – eine   die Schere –

>>> ein Kamm
ein Spiegel
ein Haar
ein Shampoo
eine Bürste
eine Schere

b. Schreibe die Nomen mit den Artikeln in dein Heft.

Oft sagt man:
Nomen nennen wir Dinge, die wir anfassen können.

 5 Stimmt das hier bei allen Nomen?

der Traum   das Blatt   die Blume   die Zeit
die Freude   der Hund   der Hunger   die Idee
die Kartoffel   die Katze   die Musik   der Salat

Nomen bezeichnen Lebewesen (Menschen, Tiere, Pflanzen) und Gegenstände.
Nomen bezeichnen auch gedachte Dinge.

 6 **a.** Zeichne eine Tabelle in dein Heft.
b. Ordne die Nomen von Aufgabe 5 ein.

Lebewesen Gegenstände	keine Lebewesen keine Gegenstände
das Blatt	...

Auf dem Wochenmarkt

**Anna arbeitet als Gehilfin auf dem Wochenmarkt.
Morgens legt sie die Waren auf den Markttisch.**

1 Welche Waren liegen auf dem Tisch?
Lies die Namen der Obstsorten.

**Die Namen der Obstsorten stehen alle
in der Mehrzahl (Plural).**

2 **a.** Zeichne eine Tabelle in dein Heft.
b. Schreibe die Nomen in der Einzahl und
in der Mehrzahl auf.

>>> der Apfel
die Banane
die Birne
die Kiwi
die Mango
der Pfirsich
die Pflaume
die Traube

Einzahl	Mehrzahl
der Apfel	die Äpfel

Nomen können in der **Einzahl** (Singular)
und in der **Mehrzahl** (Plural) stehen.

3 Ergänze deine Tabelle. Schreibe die folgenden Nomen
in der Einzahl und in der Mehrzahl auf.

Tüte Schild Kiste Stift Schürze

>>> Schürzen
Stifte
Kisten
Tüten
Schilder

In der Küche

**Karl arbeitet als Koch in einer Großküche.
Er hat verschiedene Arbeitsmittel.**

Gib mir mal bitte
das Messer.

Das Brotmesser?
Das Kartoffelmesser?
Das Fleischmesser?

 4 Welches Messer braucht der Koch?
Schreibe einen Satz in dein Heft.

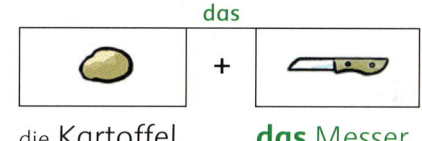

das

die Kartoffel + **das** Messer

Zusammengesetzte Nomen haben immer
den Artikel (Begleiter) des **zweiten** Nomens.

Nomen kannst du zusammensetzen.

 **5** Wie heißen diese Arbeitsmittel des Kochs?
Schreibe die zusammengesetzten Nomen in dein Heft.

der Koch
   der Löffel
   das Buch
   die Schürze

➡ der Koch + (der) Löffel = der Kochlöffel

 6 Bilde zusammengesetzte Nomen.
Schreibe sie in dein Heft.

die Milch
die Nudel   **der** Topf
das Fleisch

der Käse
  die Reibe
  das Brett
  das Messer

Verben und Personalpronomen

Verben benutzen, Verben verändern

Die Klasse bereitet ein Frühstück vor.

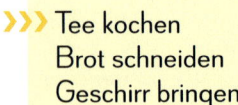

>>> Tee kochen
Brot schneiden
Geschirr bringen

Hakan   Svenja   Mona

1 **a.** Was tun die Kinder auf den Bildern?
Schreibe Sätze in dein Heft.

➡ Hakan kocht Tee.

b. Was tun die Kinder noch? Schreibe Sätze auf.

>>> die Brötchen kaufen,
den Tisch decken,
die Teller holen …

! Manche Wörter sagen, was wir **tun**.
Diese Wörter nennen wir **Verben (Tunwörter)**.

2 **a.** Schreibe alle Verben von Aufgabe 1 mit **ich**, **du**, **wir**
in dein Heft.
b. Markiere rot, was gleich bleibt.
c. Markiere blau, was sich verändert.

➡ ich koch e   du koch st   wir koch en

**Verben können wir mit ich, du und wir verbinden.
Dann verändern sich die Verben.**

3 **a.** Überlegt, was ihr in der Schule macht. Sammelt Verben.
b. Schreibt in euer Heft.

➡ ich schreib e   du schreib st   wir schreib en

Nach dem Frühstück räumt die Klasse auf.

Ikbal   Paul

>>> Sie spült …
Er spült …
Sie spülen …
die Messer
die Tassen
das Geschirr

 4 Beantworte die Fragen. Schreibe Sätze in dein Heft.
- Was macht Ikbal?
- Was macht Paul?
- Was machen Ikbal und Paul?

**Verben können wir mit er/sie und sie verbinden.
Dann verändern sich die Verben.**

5 Lies diese Verben.

| gehen | sagen | wiegen | legen | packen | putzen |
| holen | machen | zeigen | bringen | bleiben | kaufen |

 6 a. Schreibe die Verben mit er/sie und sie in dein Heft.
b. Markiere rot, was gleich bleibt.
c. Markiere blau, was sich verändert.

⇨ er/sie (spül)(t)   sie (spül)(en)

Z **Spielzeit: Wer isst was zum Frühstück?**

7 Bastelt einen Würfel wie auf dem Bild.

8 Spielt gemeinsam:
- Der Erste **nennt ein Nahrungsmittel**: Marmelade
- Der Zweite **würfelt**: wir
- Der Dritte **bildet einen Satz**: Wir essen Marmelade.

Adjektive verwenden

Mit Adjektiven beschreiben und vergleichen

**In einem Zoo gibt es viele verschiedene Tiere.
Sie sind groß, klein, schwer, leicht, schnell …**

1 **Wie** ist das Fell? **Wie** sind die Ohren?

a. Sieh dir die Fotos an.

das Zebra

die Eismöwe

das Flusspferd

der Elefant

b. Wähle zwei Tiere aus.

c. Beschreibe die Tiere. Schreibe Sätze in dein Heft.

➡ Die Beine sind …
Die Haut ist …

❗ **Adjektive (Wiewörter)** sagen, **wie** etwas ist:

schnell, groß.

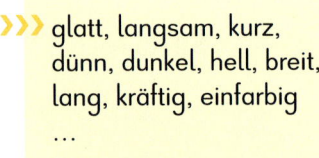

⟩⟩⟩ glatt, langsam, kurz,
dünn, dunkel, hell, breit,
lang, kräftig, einfarbig
…

der Rüssel,
der Schnabel,
das Gefieder, die Haut,
das Fell, die Federn,
die Ohren, die Beine
…

**Mit Adjektiven (Wiewörtern) können wir Gegensätze
ausdrücken: Eine Maus ist klein und nicht groß.**

2 Schreibe die Gegensätze in dein Heft.

schnell – ▬▬▬   lang – ▬▬▬

rau – ▬▬▬   dick – ▬▬▬

dunkel – ▬▬▬   kräftig – ▬▬▬

schmal – ▬▬▬   bunt – ▬▬▬

> ➡ schnell – langsam, rau – ...

>>> glatt
langsam
kurz
dünn
schwach
hell
breit
einfarbig

Welches Tier ist größer, welches ist kleiner?

3 Vergleiche die Tiere miteinander.
Schreibe Sätze in dein Heft.

> ➡ Der Igel ist kleiner als die Katze.

Mit Adjektiven (Wiewörter) können wir vergleichen.

4 Auch mit diesen Adjektiven kannst du vergleichen.
Schreibe in dein Heft.

still, laut, schnell, schön, leise, schwer

> ➡ still – (viel) stiller als

259

Adjektive vor Nomen

1 Beschreibe die Tiere mündlich.
Bilde Sätze. Die Tafel hilft dir.

Die Giraffe Der Elefant Die Maus Der Löwe Der Frosch	hat	einen	kurzen langen kräftigen grauen	Hals. Rüssel. Schwanz.
		eine	spitze große feuchte prächtige	Nase. Mähne. Haut.
		ein	braunes geflecktes breites glattes kurzes	Fell. Maul.

die Giraffe

der Elefant

die Maus

der Löwe

der Frosch

2 a. Schreibe passende Sätze in dein Heft.
b. Markiere die Adjektive grün und die Nomen blau.

➡ Die Giraffe hat einen (langen) (Hals).

Vor ein Nomen passt ein Adjektiv.

3 Lies dir den Text vor.
Ergänze dabei die Adjektive.

1 Igel leben bei uns in Parks und in ▨▨▨ Gärten.

2 Sie haben ▨▨▨ Stacheln und ▨▨▨ Beine.

3 Am ▨▨▨ Tag schlafen sie.

4 Sie leben von Insekten, Würmern und Schnecken.

5 In ▨▨▨ Wintern halten sie einen ▨▨▨ Winterschlaf.

⟩⟩⟩ großen
spitze
kurze
hellen
kalten
langen

4 a. Schreibe den Text mit den Adjektiven auf.
b. Markiere die Adjektive grün und die Nomen blau.

Jedes Tier hat seine Besonderheiten.

W **5** Wähle aus:
- Lies den Text **Der Färberfrosch** und bearbeite Aufgabe 6.
- Oder lies den Text **Der Kolibri** und bearbeite Aufgabe 7.

 ### Der Färberfrosch

1 Der Färberfrosch hat / eine auffällige / Körperfärbung. /

2 Er hat / ein gelbes Muster. /

3 Damit vertreibt er / seine Feinde. /

4 Die Feinde wissen dann nämlich: /

5 Der Färberfrosch besitzt / ein tödliches Gift. /

(29 Wörter)

 6 Welche Körperfärbung hat der Färberfrosch?

a. Schreibe den Satz in dein Heft ab.
b. Markiere das Adjektiv (Wiewort).

 ### Der Kolibri

1 Der Kolibri ist / ein kleiner Vogel. /

2 Er hat meistens / einen schmalen Schnabel. /

3 Mit seiner langen Zunge / holt er sich /

4 den Nektar / aus den Blüten. /

5 Der Kolibri fliegt / beim Trinken / auf der Stelle. /

(34 Wörter)

 7 Womit holt sich der Kolibri den Nektar aus den Blüten?

a. Schreibe den Satz in dein Heft ab.
b. Markiere das Adjektiv (Wiewort).

W **8** Wähle aus:
- Schreibe den Text **Der Färberfrosch** in dein Heft ab. → Sätze abschreiben: Seite 279
- Oder schreibe den Text **Der Kolibri** in dein Heft ab.
Benutze den Satzprofi.

Präpositionen verwenden

Wo?

Tobi ist in der Zoohandlung. Er sieht sich ein Aquarium an.

>>> der Fisch

der Stein

das Seepferdchen

der Seestern

die Muschel

1 **Wo** stehen / liegen / sind die Tiere, Pflanzen und Gegenstände im Aquarium?
Schreibe Sätze in dein Heft.

Der	Fisch Kies Seestern Stein	ist liegt steht	in auf unter neben	dem	Fisch. Kies. Seestern. Stein.
Das	Schiff Seepferdchen			dem	Schiff. Seepferdchen.
Die	Muschel Pflanze Wurzel			der	Ecke. Muschel. Pflanze.

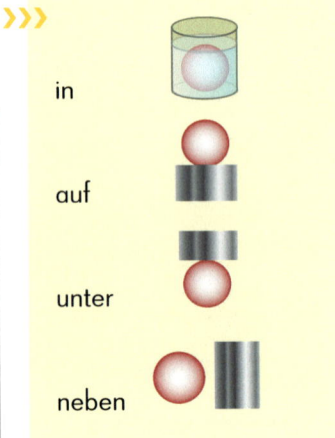

>>>

in

auf

unter

neben

➡ Der Stein liegt neben der Muschel. …

Aus in dem kann im werden.

 **2** Bilde 3 Sätze mit im. Schreibe in dein Heft.

Wohin?

Tobi bastelt ein Aquarium aus einem Schuhkarton.

3 **Wohin** hängt/legt/stellt Tobi die Tiere, Pflanzen und
Gegenstände? Schreibe Sätze in dein Heft.

Tobi Er	hängt legt stellt	den	Fisch Stein Seestern	in auf unter neben	den	Boden. Fisch. Stein.
		das	Schiff Seepferdchen		das	Schiff. Seepferdchen.
		die	Muschel Wurzel		die	Ecke. Muschel. Wurzel.

Tobi legt die Muschel auf den Boden. ...

Aus in das kann ins werden.

Z **4** Bilde 3 Sätze mit ins. Schreibe in dein Heft.

> **!** Mit Präpositionen kannst du ausdrücken, **wo** etwas ist
> oder **wohin** etwas kommt:
>
> **Wo?** Die Muschel liegt **auf dem** Kies.
> **Wohin?** Tobi legt die Muschel **auf den** Kies.

Wissenswertes auf einen Blick

**In Märchen passieren oft Dinge,
die in Wirklichkeit nicht geschehen können.**

→ Märchen lesen und
nacherzählen kannst du auf
Seite 144–157, 158–159

- Viele Märchen beginnen mit **Es war einmal …**
- **Tiere** können oft **sprechen**.
- Es gibt **geheimnisvolle Orte, Zauberer** und **Zauberkräfte**.
- Märchen haben oft ein **glückliches Ende**.
  Das Böse wird bestraft.
- Märchen spielen **in der Vergangenheit** zu einer
  unbestimmten Zeit.
- Die **Zahlen 3** oder **7** kommen oft vor.
- Es kann **wunderbare Gegenstände** geben.

**Ein Gedicht ist oft ein kurzer Text.
Gedichte können sich reimen.**

→ Gedichte lesen und
untersuchen kannst du auf
Seite 56, 74, 84, 94, 112,
177–181, 182–189, 195

- In Gedichten nennt man die Zeilen **Verse**.
- In manchen Gedichten gibt es Abschnitte.
  Sie heißen **Strophen**.
- Wenn zwei Wörter ähnlich klingen, nennen wir das **Reim**.

Es gibt verschiedene **Reimformen**:

der **Paarreim**		der **Kreuzreim**	
fliegen	a	Straße	c
wiegen	a	Rock	d
auch	b	Nase	c
Strauch	b	Stock	d

Einen ersten Eindruck von einem Buch bekommst du durch das Cover, den Klappentext und einen Buchausschnitt.

→ Ein Buch auswählen kannst du auf Seite 102–107

⚙ **Arbeitstechnik**

Ein Buch auswählen

- Worüber informiert das **Buchcover**? Schreibe auf:
  - den Buchtitel
  - den Namen vom Autor
- Was erzählt der **Klappentext**? Schreibe kurz auf.
- Was erfährst du in einem **Buchausschnitt**? Schreibe auf:
  - Wer ist die Hauptperson?
  - Wo und wann spielt die Geschichte?
- Welche **Textstelle** gefällt dir besonders? Schreibe auf. Begründe deine Auswahl.
- Möchtest du das Buch gern lesen? Begründe.

In einer Lesemappe sammelst du Informationen zu einem Buch.

→ Eine Lesemappe anlegen kannst du auf Seite 108

⚙ **Arbeitstechnik**

Eine Lesemappe anlegen

- **Ordne** deine Informationen über ein Buch.
- **Nummeriere** deine Blätter.
- Schreibe ein **Inhaltsverzeichnis**.
- Gestalte ein **Deckblatt** passend zum Buch.

Du kannst ein Buch in der Klasse vorstellen.

→ Ein Buch vorstellen kannst du auf Seite 109

⚙ **Arbeitstechnik**

Ein Buch vorstellen

- Zeige den Zuhörern das **Buchcover**.
- Nenne den **Titel** und den **Autor**.
- Stelle die **Hauptpersonen** vor: Wer?
- Erzähle kurz etwas über den **Inhalt**: Wo? Wann? Was?
- Erkläre, **warum** dir das Buch **gefällt**.
- Lies einen **Buchausschnitt** vor.

Der Textknacker hilft mir, Texte zu lesen und zu verstehen.

→ Den Textknacker findest du auf Seite 30–31, 34, 40–43, 58–61, 64–65, 68, 76, 86–87, 89, 96–97, 104, 106, 133–136, 138–141, 192–195

1. Schritt: Vor dem Lesen
Bilder helfen mir, den Text besser zu verstehen.
Die **Überschrift** sagt mir etwas über den Text.

- Ich sehe mir die Bilder an.
- Ich lese die Überschrift.
- Worum könnte es in dem Text gehen?

2. Schritt: Das erste Lesen
Ein Text hat **Absätze**.
Was in einem Absatz steht, gehört zusammen.
Die **Schlüsselwörter** im Text sind besonders wichtig.
Einige **Wörter** werden unter dem Text **erklärt**.

- Ich zähle die Absätze.
- Ich lese die hervorgehobenen Schlüsselwörter.
- Ich lese die Worterklärungen.
- Was weiß ich jetzt?

3. Schritt: Den Text genau lesen
Erst **der ganze Text** sagt mir, worum es geht.

- Ich lese den ganzen Text – Absatz für Absatz.
- Was habe ich erfahren?

4. Schritt: Nach dem Lesen
Ich habe den ganzen Text gelesen.
Jetzt kann ich etwas aufschreiben.

- Ich schreibe zu jedem Absatz etwas auf.
  Ich schreibe die wesentlichen Informationen auf.
- Ich schreibe auf, was für mich wichtig ist.

**Der Aufgabenknacker hilft mir,
eine Aufgabe zu verstehen und zu bearbeiten.**

→ Den Aufgabenknacker
findest du auf Seite
190–191

1. Schritt: Genau lesen

- Ich lese die Aufgabe genau.
  Ich achte besonders auf das Verb (Tunwort).
- Ich überlege, **was** ich **tun** soll.

2. Schritt: Überlegen, was zur Lösung gehört

- Ich überlege, **was genau** ich tun soll.
- Ich überlege, **wie** ich es tun soll.

3. Schritt: Mit eigenen Worten wiedergeben

- Ich übersetze die Aufgabe mit meinen Worten.

Diese Verben sagen mir, was ich tun soll:

Nenne	Ich soll etwas aufzählen.
Erzähle ... nach	Ich soll den Inhalt von etwas wiedergeben.
Finde	Ich soll etwas entdecken.
Markiere	Ich soll etwas hervorheben, zum Beispiel so: das R(a)d, die Schule, das Buch.
Vergleiche	Ich soll Gemeinsamkeiten und Unterschiede finden.
Beschreibe	Ich soll wiedergeben, wie etwas aussieht oder funktioniert.
Sieh ... an	Ich soll etwas genau betrachten.

Ein **Diagramm** kann zusätzliche Informationen zu Sachtexten enthalten.

→ Ein Diagramm lesen kannst du auf Seite 29, 124

⚙ Arbeitstechnik

Ein Diagramm lesen

- Ich **lese die Überschrift**. Sie nennt mir das Thema.
- Ich lese **die Erklärungen**, zum Beispiel die Beschriftung der Achsen.
- Ich **sehe** mir das Diagramm **genauer an**.
- Beim Säulendiagramm gilt:
  - Je höher eine Säule ist, umso größer ist die Menge.
  - Die Zahl bei jeder Säule gibt an, wie groß die Menge ist.

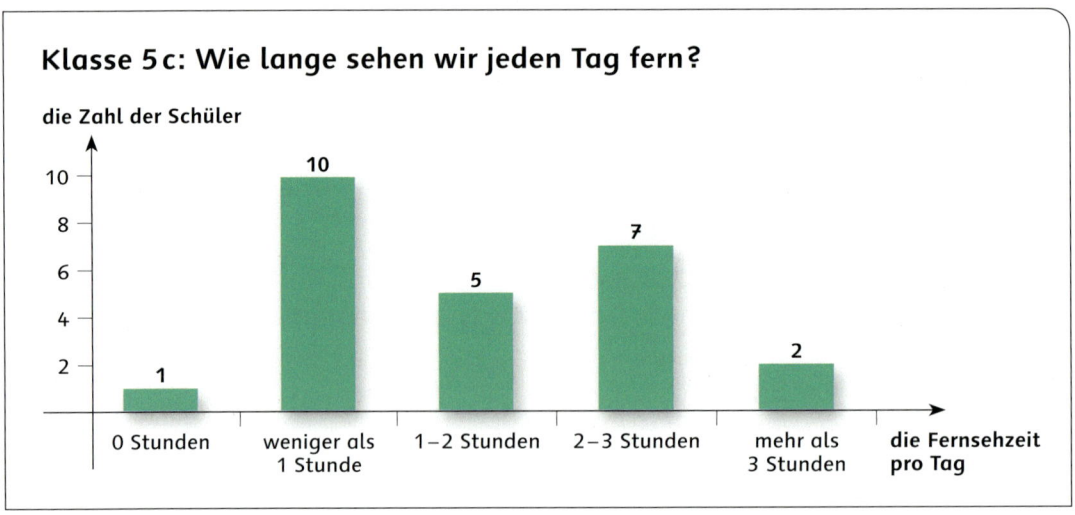

Klasse 5 c: Wie lange sehen wir jeden Tag fern?

die Zahl der Schüler

die Fernsehzeit pro Tag

0 Stunden: 1
weniger als 1 Stunde: 10
1–2 Stunden: 5
2–3 Stunden: 7
mehr als 3 Stunden: 2

Beim Schreiben von Texten helfen mir die Schritte 1–3 vom Schreibprofi.

→ Mit dem Schreibprofi schreiben kannst du auf Seite 137, 196–197

1. Schritt: Vor dem Schreiben
Ich **überlege**.

- **Für wen** will ich schreiben?
  - Schreibe ich für mich?
    oder
  - Schreibe ich für andere?
  Wer liest, was ich geschrieben habe?
- **Was** will ich schreiben?

2. Schritt: Beim Schreiben
Nun **schreibe** ich.

- Ich schreibe Wörter oder Sätze auf.
- Ich kann Hilfen benutzen, zum Beispiel ein Wörterbuch für die Rechtschreibung.

3. Schritt: Nach dem Schreiben
Ich **prüfe**.
Ich **überarbeite**.

Ich prüfe.
- Kann ich meine Wörter oder meine Sätze lesen und verstehen?
- Kann ein anderer aus der Klasse meine Wörter oder meine Sätze lesen und verstehen?

Ich überarbeite.

**In einem Cluster kann ich Ideen
zu einem Thema sammeln.**

→ Einen Cluster zeichnen
kannst du auf Seite 119,
198–199

> ⚙ **Arbeitstechnik**
>
> **Der Cluster**
>
> - Ich nehme ein **Blatt** Papier.
> - Ich schreibe in die Mitte das **Thema**.
>   Ich **kreise** das Thema **ein**.
> - Ich schreibe meine **Ideen** zum Thema rundherum.
>   Ich **kreise** jede Idee **ein**.
> - Ich **verbinde** die Ideen **durch einen Strich** mit dem Thema
>   in der Mitte.

**Mit einem Steckbrief kann ich andere
kurz und übersichtlich informieren.**

→ Einen Steckbrief schreiben
kannst du auf Seite 64–69,
70, 76–81, 208–209

> ⚙ **Arbeitstechnik**
>
> **Einen Steckbrief planen, schreiben, überarbeiten**
>
> - Ich **sammle Informationen**.
> - Ich **ordne** die Informationen den Kategorien zu.
> - Ich schreibe **Stichworte** auf.
> - Ich **überprüfe:**
>   Sind die Informationen **vollständig** und **verständlich**?
> - Ich **überarbeite**. Ich schreibe den Steckbrief ab.
> - Ich **gestalte** den Steckbrief, z. B. mit einem Foto.

**In einem Steckbrief schreibe ich keine langen Sätze,
sondern kurze Stichworte auf.**

→ Stichworte aufschreiben
kannst du auf Seite 49, 50,
61, 67, 69, 71, 79, 185, 196

> ⚙ **Arbeitstechnik**
>
> **Stichworte aufschreiben**
>
> Ich schreibe pro Stichwort nur wenige Wörter auf.
> - Ich überlege, was **die wichtigen Informationen** sind.
>   Dabei helfen mir die Fragen: Wo? Was? Wie?
> - Ich schreibe zu den wichtigen Informationen
>   **Wörter** und **Wortgruppen** auf.

In einer Schreibkonferenz überarbeitet ihr gemeinsam eure eigenen Texte.

→ Eine Schreibkonferenz durchführen könnt ihr auf Seite 200–201

⚙ **Arbeitstechnik**

Eine Schreibkonferenz durchführen

- Einer **liest** seinen **Text vor**. Die anderen **hören** genau **zu**.
  - Was **gefällt** euch **gut**?
  - Was habt ihr **nicht verstanden**?
- **Überarbeitet** gemeinsam den Text, bis er euch gefällt.
  Überarbeitet zum Beispiel:
  - die **Satzanfänge**
  - die **Verben** (Tunwörter)
  - die **Adjektive** (Wiewörter)
- **Überprüft**, ob alles **richtig geschrieben** ist.
- Schreibt zum Schluss den überarbeiteten Text ordentlich auf.

In einer Tabelle kann ich Informationen geordnet aufschreiben.

→ Eine Tabelle zeichnen kannst du auf Seite 20, 22, 28, 35, 43, 81, 87, 89, 97, 121, 123, 175, 248, 250

⚙ **Arbeitstechnik**

Eine Tabelle zeichnen

- Ich brauche ein kariertes **Blatt**, einen **Bleistift** und ein **Lineal**.
- Ich lege das Blatt mit der langen Seite vor mich hin.
- Ich zeichne eine lange Linie. Das ist die **Zeile**.
- Nun teile ich die Linie in gleich große Teile.
  Das sind die **Spalten**.
- In jede Spalte schreibe ich eine Überschrift.

Notizen helfen mir beim Nacherzählen.

➔ Notizen machen kannst du auf Seite 141

⚙ Arbeitstechnik

Notizen machen

- Ich brauche einige **Zettel** und einen **Stift**.
- Ich schreibe die **Überschrift** auf den ersten Zettel.
- Ich schreibe **zu jedem Absatz** eine passende Überschrift.
- Dazu male ich **Bilder** und schreibe **Wörter und Wortgruppen** auf.
- Ich **nummeriere** die Zettel in der richtigen Reihenfolge.

Ich habe eine Geschichte gelesen und Notizen zum Inhalt gemacht. Jetzt kann ich die Geschichte mündlich nacherzählen.

➔ Eine Geschichte mündlich nacherzählen kannst du auf Seite 141, 150–151, 152–153

⚙ Arbeitstechnik

Eine Geschichte mündlich nacherzählen

- Ich ordne die Zettel **in der richtigen Reihenfolge**.
- Ich erzähle **spannend** und **mit eigenen Worten**.
- Ich lasse nichts **Wichtiges** aus und **füge nichts hinzu**.

In einem Kurzvortrag kann ich andere über ein Thema informieren.

→ Einen Kurzvortrag vorbereiten kannst du auf Seite 49–51, 61

⚙ Arbeitstechnik

Einen Kurzvortrag vorbereiten, üben, halten

- Ich **wähle ein Thema aus**.
- Ich **sammle Informationen** zu dem Thema.
- Ich **schreibe Stichworte** auf Karteikarten.
- Ich **nummeriere die Karteikarten** in der richtigen Reihenfolge.
- Ich **markiere wichtige Wörter** farbig.
- Was sage ich am Anfang? Was sage ich zum Schluss? Ich schreibe auf Karteikarten.
- Ich **übe meinen Kurzvortrag**.

Beim Kurzvortrag sprechen wir zu den Zuhörern. Deshalb ist es wichtig, wie wir sprechen.

→ Frei vortragen übst du auf Seite 52, 61

⚙ Arbeitstechnik

Frei vortragen

- **Ich stelle mich** so hin, dass **alle mich sehen** können.
- Ich versuche, **frei** zu **sprechen** und wenig abzulesen.
- Ich spreche **langsam** und **deutlich**.
- Ich spreche **in Sätzen**.
- **Ich sehe** beim Sprechen **die Zuhörer an**.
- **Ich zeige** an passenden Stellen **Bilder** und **Materialien**.

Die Wortprofis

So schreibe ich Wörter ab.

 So schreibe ich Mitsprechwörter ab.

1. Ich lese das Wort.

2. Ich spreche das Wort Silbe für Silbe.

3. Ich höre , wie ich das Wort schreiben muss.

4. Ich decke das **Mitsprechwort** zu.

5. Ich spreche das Wort Silbe für Silbe und schreibe dabei.

6. Ich spreche das Wort und male **einen Bogen unter jede Silbe**.

7. Ich vergleiche.

8. Ich verbessere.

→ Mitsprechwörter abschreiben kannst du auf Seite 21, 215, 218, 220, 222, 224, 241

So schreibe ich Nachdenkwörter ab.

1. Ich lese das Wort **Kind**.

2. Ich spreche das Wort Silbe für Silbe.

3. **Ich denke nach** und **erkläre**, wie ich das Wort schreiben muss.
   – Ich verlängere das Wort.
   – Ich suche ein verwandtes Wort.

4. Ich decke das **Nachdenkwort** zu.

5. Ich spreche das Wort Silbe für Silbe und schreibe dabei.

6. Ich schreibe in Klammern die **Erklärung**: das Kind (→ die Kinder), die Bäume (→ der Baum)

7. Ich vergleiche.

8. Ich verbessere.

→ Nachdenkwörter abschreiben kannst du auf Seite 21, 216, 217, 218, 220, 224, 226, 241

So schreibe ich **Merkwörter** ab.

→ Merkwörter abschreiben kannst du auf Seite 21, 219, 220, 241

1. Ich lese das Wort **Zahn**.

2. Ich spreche das Wort Silbe für Silbe.

3. **Ich merke mir** 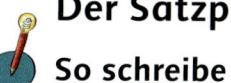,
wie ich das Wort schreiben muss.

4. Ich decke das **Merkwort** zu.

5. Ich spreche das Wort
Silbe für Silbe und schreibe dabei.

6. Ich kreise die **Merkstelle** im Wort ein:
der Zahn

7. Ich vergleiche.

8. Ich verbessere.

Der Satzprofi

So schreibe ich **Sätze** ab.

→ Sätze abschreiben kannst du auf Seite 177, 188, 221, 223, 225, 227, 229, 231, 261

1. **Ich lese** den ersten Satz.

2. **Ich merke mir** die Wörter
bis zum Strich genau.

3. Ich decke die Wörter ab.

4. **Ich schreibe** die Wörter auf.

5. **Ich vergleiche**.
Ich streiche Fehlerwörter durch.

6. Ich schreibe die Wörter
richtig über die Fehlerwörter.

7. Ich schreibe Teil für Teil so ab.

Buchstaben und Laute

→ Übungen zu Buchstaben und Lauten findest du auf Seite 210–219, 222–223, 224–225, 226–227, 228–229

A, e, i, o, u bringen Wörter zum **Klingen**.
A, e, i, o, u heißen **Vokale (Selbstlaute)**.
Die meisten anderen heißen **Konsonanten (Mitlaute)**.

Manchmal sind **zwei Vokale** verbunden.
Auch **verbundene Vokale (Zwielaute)**
bringen Wörter zum Klingen: ei   au   eu

Auch Ä, ä, Ö, ö, Ü, ü sind Vokale.
Wir nennen sie **Umlaute**.

Buchstabe – Silbe – Wort

Wörter bestehen aus einzelnen
Buchstaben: e, k, r.

Wenn wir Wörter klatschen, hören wir **Silben**.
Manche **Wörter** bestehen nur **aus einer Silbe**: wir.
Viele Wörter bestehen **aus mehreren Silben**: Schule.

Aus Wörtern können wir **Sätze bilden**.
Es gibt **kurze** Sätze: Komm!
Und es gibt **lange** Sätze: Wir gehen in die Schule.

Großschreibung

→ Übungen zur Großschreibung findest du auf Seite 222–223, 230–231

! Einige Wörter schreiben wir **immer groß**. Wir nennen sie **Nomen (Namenwörter)**: der Baum, das Kind, die Zeit.

! Am **Satzanfang** schreiben wir **immer groß**. Nach einem Punkt, Fragezeichen oder Ausrufezeichen schreiben wir immer groß.

Zeichensetzung

! Am Ende von einem **Aussagesatz** steht ein **Punkt**. Der Mann geht mit seinem Hund spazieren.

Am Ende von einem **Fragesatz** steht ein **Fragezeichen**. Was sagt der Mann?

Am Ende von einem **Aufforderungssatz** oder von einem **Ausrufesatz** steht meistens ein **Ausrufezeichen**. Sitz!

Wortart: Nomen

➜ Übungen zu Nomen (Namenwörtern) findest du auf Seite 20–21, 38–39, 94–95, 222–223, 236–239, 248–251

 Nomen (Namenwörter) schreiben wir immer **groß**.
Zu den Nomen gehört meist ein **Artikel (Begleiter)**:
der, das, die.

Nomen bezeichnen **Lebewesen** (Menschen, Tiere, Pflanzen) und **Gegenstände**:
die Frau, der Esel, die Blume, das Bett.

Nomen bezeichnen auch **gedachte Dinge**:
die Zeit, das Leben, der Tag.

Nomen können in der **Einzahl** (Singular) und in der **Mehrzahl** (Plural) stehen:
das Wort – die Wörter.

Zusammengesetzte Nomen haben immer den Artikel (Begleiter) vom **zweiten** Nomen:
der Vogel + (das) **Nest =** (das) **Vogelnest.**

Wortart: Verben

➜ Übungen zu Verben (Tunwörtern) findest du auf Seite 74–75, 94–95, 252–253

Manche Wörter sagen, was wir **tun**.
Diese Wörter nennen wir **Verben (Tunwörter)**: lesen.

Einige **Verben** sind **zusammengesetzt**:
aus + rechnen ➜ ausrechnen.

Im **Satz** werden die Verben meistens **getrennt**:
Leon rechnet die Aufgabe aus.

Wortart: Adjektive

➜ Übungen zu Adjektiven (Wiewörtern) findest du auf Seite 112–113, 258–261

> **Adjektive (Wiewörter)** sagen, wie etwas ist:
> **schnell, groß**.

> **Adjektive beschreiben** Nomen genauer.
> Sie können **zwischen Artikel und Nomen** stehen:
>
> **Der Bücherwurm fand einen alten Roman,
> ein verstaubtes Buch, eine gruselige Geschichte.**

Wortart: Personalpronomen

➜ Übungen zu Personalpronomen findest du auf Seite 252–253

> Die Wörter **ich, du, er/es/sie, wir, ihr, sie**
> sind **Personalpronomen**.
> Sie stehen für bestimmte Personen oder Gegenstände.
>
> **der Käse – er
> das Brot – es
> die Tomate – sie
> Paul – er
> die Mutter – sie**

Wortart: Präpositionen

➜ Übungen zu Präpositionen findest du auf Seite 56–57, 262–263

> Mit Präpositionen kannst du ausdrücken,
> **wo** etwas ist oder **wohin** etwas kommt:
>
> **Wo?** Die Muschel liegt **auf dem** Kies.
> **Wohin?** Tobi legt die Muschel **auf den** Kies.

A

Ab, ab	der Abend, die Abende	226
Al, al	alle	65, 135
	alt, älter	
	134, 146, 147, 158, 159	
Am, am	am	54, 55
	die Ameise, die Ameisen	
		211, 237
	die Ampel, die Ampeln	54
An, an	an, ans	18, 19, 55
	der Anfang, die Anfänge	49, 53
	die Angst, die Ängste	
		135, 155, 156
	ängstlich	174
	die Anleitung, die Anleitungen	
		93
Ap, ap	der Apfel, die Äpfel	
		39, 239, 250
Ar, ar	arbeiten	62, 218
	der Ärger	211, 212
Au, au	auf	56, 262, 263
	aufbauen (er baut auf)	71
	aufessen (er isst auf)	75
	auffangen (er fängt auf)	75
	die Aufgabe, die Aufgaben	
		190, 191
	aufpassen (er passt auf)	74
	aufschlagen	
	(er schlägt auf)	75
	aufschließen	
	(er schließt auf)	71
	aufschreiben	
	(er schreibt auf)	74
	das Auge, die Augen	21

	aus	146, 158
	der Ausflug, die Ausflüge	226
	ausmachen	
	(er macht aus)	71
	auspacken (er packt aus)	75
	austrinken (er trinkt aus)	75
	das Auto, die Autos	46, 211

B

Ba, ba	der Bach, die Bäche	238
	backen	36, 76
	baden	58
	die Bahn, die Bahnen	219
	der Ball, die Bälle	75, 220
	das Band, die Bänder	216
	die Banane, die Bananen	
		75, 215, 250
	der Bär, die Bären	212
	basteln	19, 58, 186
	der Bauch, die Bäuche	217
	bauen	92, 211
	der Baum, die Bäume	
		211, 217, 239
Be, be	der Becher, die Becher	144
	bedeuten	123, 239
	die Beere, die Beeren	184, 185
	bei	157, 187
	das Bein, die Beine	211, 258
	bekommen	122, 146, 173
	bellen	94, 95
	benutzen	172
	beobachten	22, 47
	bereitstellen	
	(er stellt bereit)	15, 71

die Freundin, die Freundinnen
47, 122

freundlich, freundlicher   169

froh   123

der Frosch, die Frösche   94, 237

früh   158

das Frühstück   26, 27, 150

die Frucht, die Früchte   26, 27

Fu, fu   fühlen
136, 169, 174, 184, 185

der Füller, die Füller   112, 237

für   172, 175

der Fuß, die Füße   106

der Fußball, die Fußbälle   46, 113

G

Ga, ga   der Garten, die Gärten   47

Ge, ge   geben   31

der Geburtstag, die Geburtstage
18

das Gedicht, die Gedichte   112

gefährlich   135

das Geheimnis, die Geheimnisse
146, 147, 157

gehen   240, 253

der Geist, die Geister   146, 147

gelb   185, 261

das Geld   140, 173, 158

das Gemüse   28, 38, 70

genau   16, 56

gerade   166, 168

die Geschichte, die Geschichten
132–141, 151, 153, 166–175

das Gesicht, die Gesichter
169, 174

gestern   231

gesund   29, 31, 198

das Getränk, die Getränke   28, 64

das Gewitter, die Gewitter   84

Gi, gi   die Giraffe, die Giraffen   260

Gl, gl   das Glas, die Gläser   31, 223

glatt   259, 260

glauben   145, 146, 165

das Glück   56, 146, 147

glücklich, glücklicher
147, 157

Gr, gr   das Gras, die Gräser   104, 185

grau   260

groß, größer   167, 258

grün   184

die Gruppe, die Gruppen
36, 37, 39

der Gruß, die Grüße   197

Gu, gu   gut, besser   120, 122

H

Ha, ha   das Haar, die Haare   34, 248, 249

haben   222

halb   151

der Hals, die Hälse   186, 260

halten   49

die Haltestelle, die Haltestellen
53

die Hand, die Hände
19, 216, 219

das Handy, die Handys   118, 119

	hängen	92, 93
	hart	258
	hat → haben	
das	Haus, die Häuser	
		211, 217, 239
die	Haut, die Häute	34, 258
He, he das	Heft, die Hefte	112, 237
	hell	259
	heißen	14
	helfen	63
das	Herz, die Herzen	155
	heulen	89, 137
	heute	211
Hi, hi	hier	228, 230
die	Hilfe, die Hilfen	106
der	Himmel	84, 86, 186, 187
Ho, ho	hoch, höher	165, 186
	höflich, höflicher	17
	holen	215, 222, 252
das	Holz, die Hölzer	194
die	Höhle, die Höhlen	20
	hören	82, 212, 214
Hu, hu das	Huhn, die Hühner	47, 94
der	Hund, die Hunde	
		20, 94, 210, 216
der	Hunger	249
	hungrig, hungriger	146
der	Hut, die Hüte	213

I

Id, id die	Idee, die Ideen	198, 199
Im, im	im	262
	immer	111, 240, 243
In, in	in, ins	262, 263

	(sich) informieren	53
die	Information,	
	die Informationen	31, 34, 67
	(sich) interessieren	103
das	Internet	122

J

Ja, ja das	Jahr, die Jahre	182
Je, je	jeder	68, 240
	jetzt	54, 55, 122, 177
Jo, jo der	Jogurt, die Jogurts	26, 27
Ju, ju der	Junge, die Jungen	239

K

Ka, ka das	Kabel, die Kabel	238
das	Kalb, die Kälber	216
	kalt, kälter	260
der	Kamm, die Kämme	248, 249
	kaputt	122
die	Kartoffel, die Kartoffeln	
		249, 251
der	Käse, die Käse	26, 27
die	Katze, die Katzen	94, 249
	kaufen	211, 252
Ki, ki das	Kind, die Kinder	
		210, 219, 227
der	Kiosk, die Kioske	62, 64
die	Kiste, die Kisten	20, 210, 250
die	Kiwi, die Kiwis	250
Kl, kl der	Klang, die Klänge	92, 93
die	Klasse, die Klassen	17, 19
	klatschen	214
	kleben	16, 19

O

Ob, ob	das Obst	28, 29
Od, od	oder	31, 34, 58, 194, 209
Of, of	öffnen	145, 146
Oh, oh	das Ohr, die Ohren	240, 242
Ol, ol	das Öl, die Öle	212
Or, or	ordnen	71
	der Ort, die Orte	105, 107

P

Pa, pa	das Papier, die Papiere	18, 19
	der Park, die Parks	46, 226, 260
	passen	121
	passieren	105, 107, 109, 136
	die Pause, die Pausen	64, 211, 230
Pe, pe	die Person, die Personen	123
Pf, pf	das Pferd, die Pferde	95, 229
	die Pflanze, die Pflanzen	23, 262, 263
	das Pflaster, die Pflaster	68
Pi, pi	der Pinguin, die Pinguine	237
	der Pinsel, die Pinsel	214
	die Pizza, die Pizzas	210
Pl, pl	das Plakat, die Plakate	12, 17
	der Platz, die Plätze	213
Pr, pr	probieren	36
Pu, pu	der Punkt, die Punkte	21
	putzen	70, 253

Q

Qu, qu	der Quark	29

R

Ra, ra	das Rad, die Räder	20, 46, 111, 213
	rau	259
	der Raum, die Räume	217
Re, re	der Rechner, die Rechner	126, 238
	reden	123, 181
	das Regal, die Regale	71
	die Regel, die Regeln	17
	der Regen	86
	regnen	86
	der Reim, die Reime	177, 183
	reimen	187
	der Reis	26, 27
	die Reise, die Reisen	157, 218
	rennen	87, 89
	reparieren	62
	das Rezept, die Rezepte	36
Ri, ri	richtig	221, 242, 243
	riechen	184
	riesig	104, 146, 155
Ro, ro	die Rolle, die Rollen	166, 167, 174, 175, 181
	rot	112, 145
Ru, ru	rufen	168, 173
	der Rüssel, die Rüssel	258

U

Ub, ub	üben	236, 240, 241
	überarbeiten	
		67, 70, 197, 200, 201
	überlegen	48, 61
Uh, uh	die Uhr, die Uhren	64, 65, 68, 76
Un, un	unter	262, 263
	der Unterricht	64
	unterschiedlich	179

V

Va, va	der Vater, die Väter	219
Ve, ve	vereinbaren	17
	vergessen	86
	vergleichen	16, 69, 242, 243
	verkaufen	62
	der Vers, die Verse	182, 187, 189
	versorgen	71
	das Versteck, die Verstecke	56, 57
	(sich) verstecken	57, 153, 167
	verstehen	123
Vi, vi	viele	219
	vielleicht	56, 140, 177, 219
	vier	182, 183
	das Vitamin, die Vitamine	31, 34
Vo, vo	der Vogel, die Vögel	213, 219
	voll	219
	von	146, 147, 187, 243
	vor	219
	vorlesen	84, 94, 97, 236, 242
	der Vorschlag, die Vorschläge	
		145, 226
	vorsichtig	86

der Vortrag, die Vorträge

49, 53, 90

| | vortragen | 49, 53, 90 |

W

Wa, wa	der Wagen, die Wagen	96, 227
	der Wald, die Wälder	217
	die Wand, die Wände	
		213, 216, 219
	war → sein	
	warm, wärmer	184, 209
	was	188, 197
	das Wasser	26, 27
We, we	der Weg, die Wege	20, 227
	weich	258
	weinen	211
	weiß	258
	weit	47
	die Welt, die Welten	104, 147
	wenn	127, 140, 155, 159
	wer	12, 14, 15, 37
	werfen	240
	das Werkzeug, die Werkzeuge	66
Wi, wi	wichtig	141
	die Wiege, die Wiegen	225
	wiegen	76, 227
	die Wiese, die Wiesen	20
	der Wind, die Winde	84, 216
	der Winter, die Winter	20, 96
	wissen	134, 145, 177
Wo, wo	die Woche, die Wochen	76
	wohnen	44, 45
	die Wohnung, die Wohnungen	
		44

der Wolf, die Wölfe 89, 145, 237

die Wolke, die Wolken

84, 106, 146

wollen 165, 166, 167

das Wort, die Wörter 21

Wu, wu (sich) wünschen 154, 157

der Würfel, die Würfel 212

die Wurst, die Würste

29, 38, 226

die Wurzel, die Wurzeln

262, 263

die Wut 135

wütend, wütender 146, 168

X

Xy, xy das Xylophon, die Xylophone

236, 237

Y

Ya, ya die Yacht, die Yachten 236, 237

Z

Za, za die Zahl, die Zahlen

124, 151, 219

zählen 125, 134, 139

der Zahn, die Zähne 219

der Zaun, die Zäune 217

Ze, ze zeichnen 108

zeigen 12, 211, 253

die Zeit, die Zeiten 146, 188, 249

der Zettel, die Zettel 141

Zi, zi die Ziege, die Ziegen 94

ziehen 134

das Zimmer, die Zimmer 44

Zo, zo der Zoo, die Zoos 258

Zu, zu der Zucker 36

der Zug, die Züge 216

zuhören 74

zusammen 46, 47

Zw, zw der Zweig, die Zweige 216, 227

der Zwerg, die Zwerge 218

die Zwiebel, die Zwiebeln 20

zwischen 58, 68, 185

Vollständige Gedichte und Texte

Hier findest du die vollständigen Gedichte von Seite 84 und Seite 188:

Gewitter

Erwin Moser

1 Der Himmel ist blau
2 Der Himmel wird grau
3 Wind fegt herbei
4 Vogelgeschrei
5 Wolken fast schwarz
6 Lauf, weiße Katz!
7 Blitz durch die Stille
8 Donnergebrülle
9 Zwei Tropfen im Staub
10 Dann Prasseln auf Laub
11 Regenwand
12 Verschwommenes Land
13 Blitze tollen
14 Donner rollen
15 Es plitschert und platscht
16 Es trommelt und klatscht
17 Es rauscht und klopft
18 Es braust und tropft
19 Eine Stunde lang
20 Herrlich bang
21 Dann Donner schon fern
22 Kaum noch zu hörn
23 Regen ganz fein
24 Luft frisch und rein
25 Himmel noch grau
26 Himmel bald blau!

Der Frühling ist die schönste Zeit!

Annette von Droste-Hülshoff

1 Der Frühling ist die schönste Zeit!
2 Was kann wohl schöner sein?
3 Da grünt und blüht es weit und breit
4 im goldnen Sonnenschein.

5 Am Berghang schmilzt der letzte Schnee,
6 Das Bächlein rauscht zu Tal,
7 Es grünt die Saat, es blinkt der See
8 Im Frühlingssonnenstrahl.

9 Die Lerchen singen überall,
10 Die Amsel schlägt im Wald!
11 Nun kommt die liebe Nachtigall
12 Und auch der Kuckuck bald.

13 Nun jauchzet alles weit und breit,
14 Da stimmen froh wir ein:
15 Der Frühling ist die schönste Zeit!
16 Was kann wohl schöner sein?

So endet das Märchen von Seite 145:

Rotkäppchen   Brüder Grimm

1 ... Der Wolf stürzte sich auf die Großmutter und

2 verschluckte sie. Dann öffnete er den Kleiderschrank.

3 Er zog Kleider der Großmutter an und legte sich

4 in das Bett. Rotkäppchen hatte inzwischen

5 viele Blumen gepflückt. Es wollte zur Großmutter.

6 Als Rotkäppchen zum Haus kam, sah es die offene Tür.

7 Rotkäppchen wunderte sich. Es ging in das Haus,

8 aber die Großmutter meldete sich nicht.

9 Deshalb ging Rotkäppchen zum Bett.

10 Die Großmutter sah seltsam aus.

11 Deshalb fragte Rotkäppchen:

12 „Großmutter, warum hast du so große Ohren?"

13 „Damit ich dich besser hören kann."

14 „Großmutter, warum hast du so große Augen?"

15 „Damit ich dich besser sehen kann!"

16 „Aber Großmutter, warum hast du so ein großes Maul?"

17 „Damit ich dich besser fressen kann!"

18 Da sprang der Wolf aus dem Bett und verschluckte

19 Rotkäppchen. Er wurde müde und legte sich in das Bett.

20 Schnell schlief er ein. Dabei schnarchte er fürchterlich

21 laut. Das hörte ein Jäger. Der Jäger wunderte sich,

22 warum die Großmutter so laut schnarchte. Er ging

23 in das Haus und sah den Wolf. Der Jäger schnitt dem Wolf

24 den Bauch auf. Da sprang Rotkäppchen aus dem Bauch.

25 Und dann kam auch die Großmutter aus dem Bauch.

26 Rotkäppchen überlegte nicht lange. Es holte

27 große Steine. Alle zusammen legten sie die Steine

28 in den Bauch des Wolfs und nähten den Bauch wieder zu.

29 Als der Wolf aufwachte, war sein Bauch so schwer,

30 dass er tot umfiel. Da freuten sich der Jäger,

31 die Großmutter und das Rotkäppchen.

So endet das Märchen von den Seiten 146 und 147:

Aladin und die Wunderlampe

1 ... Aber wie sollte Aladin in das Haus des Zauberers

2 kommen? Aladin war so besorgt, dass er einschlief.

3 Als er aufwachte, sah er seine geliebte Frau,

4 die Prinzessin. Beide freuten sich über das Wiedersehen.

5 Zusammen gingen sie in den Palast.

6 Aladin fragte: „Wo ist die Wunderlampe?"

7 Da antwortete die Prinzessin:

8 „Der Zauberer trägt sie immer unter seiner Kleidung.

9 Niemand kann sie ihm wegnehmen."

10 Am Abend aß die Prinzessin mit dem Zauberer.

11 Sie schüttete ein giftiges Pulver in das Getränk

12 des Zauberers. Nachdem er den Becher

13 leer getrunken hatte, fiel er tot um.

14 Endlich konnte Aladin die Wunderlampe wiederhaben!

15 Aladin rieb dreimal an der Lampe. Und sofort war der Geist

16 wieder da! Aladin und die Prinzessin wünschten sich

17 den Palast an die alte Stelle zurück. Und so geschah es.

18 Von da an lebten alle glücklich und zufrieden.

Alle Texte auf einen Blick

Textquellen

Aslan, Şule: Otto im Versteck (S. 56), Leons Schultag (S. 74), Der Bücherwurm (S. 112). Originalbeiträge.

Droste-Hülshoff, Annette von (geb. 1797 in Münster, gest. 1848 in Meersburg): Der Frühling ist die schönste Zeit! (S. 188, 296). Aus: Sämtliche Gedichte. Frankfurt/M. (Insel Verlag) 1988.

Durian, Sibylle (geb. 1946 in Berlin): Gespensterluft (S. 133) (vereinfachter Text). Aus: Gruselgeschichten. Hrsg. C. Schäfer. Würzburg (Arena Verlag) 1998, S. 116 ff.

Fischer-Hunold, Alexandra (geb. 1966 in Düsseldorf): Allein im Museum (S. 138) (vereinfachter Text). Aus: Die besten Leselöwen Abenteuergeschichten. Bindlach (Loewe Verlag) 2009, S. 125–133.

Funke, Cornelia (geb. 1958 in Dorsten): Die wilden Hühner (S. 110) (vereinfachter Text). Aus: Die wilden Hühner. Hamburg (Cecilie Dressler Verlag) 2001, S. 7 f.

Gomringer, Eugen (geb. 1925 in Cachuela Esperanza/Bolivien): avenidas (S. 180). Aus: vom vers zur konstellation. zweck und form einer neuen dichtung. In: Aspekte der Avantgarde. Band 1: Augenblick. Hrsg. A. Ohmer. Berlin (Weidler) 2005, S. 97 f.

Grimm, Jacob und Wilhelm (geb. 1785 bzw. 1786 in Hanau, gest. 1863 bzw. 1859 in Berlin): Der süße Brei (S. 159) (vereinfachter und gekürzter Text). Aus: Kinder und Hausmärchen. Gesammelt durch die Brüder Grimm. 3 Bände. Frankfurt/M. (Insel Verlag) 1984.

Güll, Friedrich Wilhelm (geb. 1812 in Ansbach, gest. 1879 in München): Der erste Schnee (S. 188). Aus: Es weihnachtet. Hrsg. J. B. Laßleben. Stuttgart-Kallmünz (Hochwald-Verlag) o. J.

Holtz-Baumert, Gerhard (geb. 1927 in Berlin, gest. 1996 in Heinrichsfelde): Mein Erlebnis in der Gespensterbahn (S. 96) (vereinfachter Text). Aus: Alfons Zitterbacke. Die heiteren Geschichten eines Pechvogels. Berlin (Der Kinderbuchverlag) 1989.

Jandl, Ernst (geb. 1925 in Wien/Österreich, gest. 2000 in Wien/Österreich): auf dem land (S. 178). Aus: Laut und Luise. Neuwied (Luchterhand) 1971.

Kleberger, Ilse (geb. 1921 in Potsdam): Im Herbst (S. 186). Aus: Die Stadt der Kinder. Hrsg. H.-J. Gelberg. Recklinghausen (Georg Bitter Verlag) 1969, S. 181.

Kleberger, Ilse (geb. 1921 in Potsdam): Sommer (S. 185). Aus: Die Wundertüte. Alte und neue Gedichte für Kinder. Stuttgart (Philipp Reclam jun. GmbH & Co) 1989.

Lindgren, Astrid (geb. 1907 bei Vimmerby/Schweden, gest. 2002 in Stockholm/Schweden): Ronja Räubertochter (S. 106) (vereinfachter Text). Aus: Ronja Räubertochter: Ein Leseprojekt (nach dem gleichnamigen Roman von Astrid Lindgren). Berlin (Cornelsen) 2002.

Manz, Hans (geb. 1913 in Wila/Zürcher Oberland): Fernsehabend (S. 181). Aus: Hans Manz: Die Welt der Wörter. Weinheim/Basel (Beltz & Gelberg) 1991.

Moser, Erwin (geb. 1954 in Wien/Österreich): Gewitter (S. 84, 296). Aus: Überall und neben dir. Hrsg. H.-J. Gelberg. Weinheim (Beltz & Gelberg) 1989.

Ninte, Werner B.: Was quiekt und kracht in der Lesenacht? (S. 86). Originalbeitrag.

Nöstlinger, Christine (geb. 1936 in Wien): Frühling (S. 184). Aus: Der Frühling kommt. Hannover (Schroedel Verlag) 1972, S. 203.

Pope Osborne, Mary (geb. 1949 in Fort Sill in Oklahoma/USA): Im Tal der Dinosaurier (S. 104) (vereinfachter Text). Aus: Das magische Baumhaus. Im Tal der Dinosaurier. Bindlach (Loewe Verlag) 1992, S. 12–27.

Reinick, Robert (geb. 1805 in Danzig, gest. 1852 in Dresden): Der Schneemann auf der Straße (S. 187). Aus: Helme Heine (Hrsg.): Ich und du und die ganze Welt. München (dtv junior) 1984.

Richter, Jutta (geb. 1955 in Burgsteinfurt/Westfalen): Wie sich Schmetterlinge küssen S. 177). Aus: Jutta Richter, Ludger Edelkötter: Der Sommer schmeckt wie Himbeereis. Drensteinfurt (Impulse Musikverlag) 1990.

Schulze, Axel (geb. 1943, gest. 1994): Herbstbaum (S. 195). Aus: Der Wunderzirkus. Berlin (Der Kinderbuchverlag) o. J., S. 18.

Spohn, Jürgen (geb. 1934 in Leipzig, gest. 1992 in Berlin): Manchmal (S. 94). Aus: Drauf und Dran. Ganzkurzgeschichten und Wünschelbilder. Reinbek (Carlsen-Verlag) 1988, S. 40.

Unbekannte und ungenannte Verfasser, Originalbeiträge:
- Frühstücken mit Köpfchen (S. 31). Originalbeitrag.
- Täglich eine Hand voll Nüsse (S. 34). Originalbeitrag.
- Ein Rezept für Brötchen (S. 36). Originalbeitrag.
- Brotsorten in Europa (S. 40). Originalbeitrag.
- Mika wohnt in der Stadt … (S. 46). Originalbeitrag.
- … und Hannah wohnt auf dem Land (S. 47). Originalbeitrag.
- Enricos Schulweg (S. 54). Originalbeitrag.
- Im Nationalpark Eifel gibt es viel zu erleben (S. 58). Originalbeitrag.
- Mein Arbeitstag als Hausmeister (S. 64). Originalbeitrag.
- Mein Arbeitstag als Schulsekretärin (S. 68). Originalbeitrag.
- Beruf: Köchin (S. 70). Originalbeitrag.
- Beruf: Bäcker (S. 76). Originalbeitrag.
- Rotkäppchen (S. 145, 297). Vereinfachter Text.
- Aladin und die Wunderlampe (S. 146, 298). Vereinfachter Text.
- Der Sohn des Königs (S. 150). Nach einem arabischen Märchen aus: Erika Schröder (Hrsg.): Die gläsernen Stiefel. Berlin (DDR; Der Kinderbuchverlag)
- Die Schöne und das Tier (S. 155). Vereinfachter Text.
- Das Zauberfass (S. 158). Nach einem chinesischen Märchen aus: Chinesische Märchen. Gesammelt und aus dem Chinesischen übertragen von Richard Wilhelm (1914). Nachdruck von 1985 (Eugen Diederichs Verlag). S. 10–11
- Till Eulenspiegel verkündet: „Ich werde vom Rathaus auf die Erde fliegen." (S. 165) (vereinfachter Text). Aus: Deutsche Schwänke. Hrsg. Leander Petzoldt. Stuttgart (Reclam) 1979.

- Bienen so groß wie Schafe (S. 166) (vereinfachter Text). Aus: Der Schelm vom Bosporus. Anekdoten um Nasreddin Hodscha. Meerbusch (Edition Orient) 1994, S. 110.
- Der große Kohlkopf (S. 167) (vereinfachter Text). Aus: Der Schelm vom Bosporus. Anekdoten um Nasreddin Hodscha. Meerbusch (Edition Orient) 1994, S. 111.
- Eulen und Meerkatzen (S. 168). Vereinfachter Text.
- Nasrettin bezahlt einen Wirt mit dem Klang des Geldes (S. 172). Nach: Leonid Solowjow: Die Schelmenstreiche des Nasreddin. Berlin (Verlag Volk und Welt) o. J., S. 84 f.

- Es war eine Mutter (S. 182). Volkslied.
- Nussknacker (S. 194). Originalbeitrag.
- Eine unglaubliche Geschichte (S. 200). Originalbeitrag.
- Die Kreuzotter (S. 209). Originalbeitrag.
- Bei den Pinguinen im Zoo (S. 222). Originalbeitrag.
- In der Geisterstunde (S. 224). Originalbeitrag.
- Ein Ausflug mit der Klasse (S. 226). Originalbeitrag.
- Sportlich, sportlich! (S. 228). Originalbeitrag.
- Das ist Kim (S. 230). Originalbeitrag.

- Im Zirkus (S. 242). Originalbeitrag.
- Auf dem Jahrmarkt (S. 243). Originalbeitrag.
- Der Färberfrosch (S. 261). Originalbeitrag.
- Der Kolibri (S. 261). Originalbeitrag.

Bildquellen

Illustrationen

Bereiche des Deutschunterrichts	Aufgaben	Seite	Kapitel
Sprechen und Zuhören			
zu anderen sprechen	eigene Erlebnisse und Erfahrungen erzählen	12	Los geht's! Let's go! Haydi bakalım! Idemo!
		45, 49	Wo wir wohnen
		132	Gespenstergeschichten
	anschaulich und lebendig erzählen	145–147, 152	Einfach märchenhaft
	zu Bildern erzählen	152–153	Einfach märchenhaft
	literarische Texte nachzählen	141	Gespenstergeschichten
		150–151	Einfach märchenhaft
	literarische Texte weitererzählen	145–147	Einfach märchenhaft
vor anderen sprechen	sich selbst und andere vorstellen	14–15	Los geht's! Let's go! Haydi bakalım! Idemo!
		49, 50	Wo wir wohnen
	mit Hilfe von Stichworten anschaulich präsentieren und vortragen	49–52	Wo wir wohnen
		58–61	Ich stelle den Nationalpark Eifel vor
	über einfache Sachverhalte und Arbeitsergebnisse informieren	49–52	Wo wir wohnen
		119	Computer, Handy und CD
	gestaltend vorlesen und vortragen	84–85, 87–90, 94	Was quiekt und kracht denn da?
		96–97	Eine Geschichte mit Geräuschen vortragen
		166–167	Von Weisen und Spaßvögeln
	Gedichte vortragen	84	Was quiekt und kracht denn da?
		178–179, 180–181	Gereimtes und Ungereimtes
	ein Buch vorstellen	109	Die Welt der Bücher
mit anderen sprechen	Gesprächregeln vereinbaren	16–17	Los geht's! Let's go! Haydi bakalım! Idemo!
	Meinungen formulieren und begründen	22–23	Meinungen äußern und begründen
		100, 109	Die Welt der Bücher
	diskutieren	22–23	Meinungen äußern und begründen
verstehend zuhören	aufmerksam zuhören und Notizen machen	16	Los geht's! Let's go! Haydi bakalım! Idemo!
		49, 50	Wo wir wohnen
		61	Ich stelle den Nationalpark Eifel vor
		90	Was quiekt und kracht denn da?
szenisch spielen	szenisch spielen	169	Von Weisen und Spaßvögeln
		172–175	Eine Geschichte von Nasrettin spielen
	nonverbale Mittel einsetzen	174–175	Eine Geschichte von Nasrettin spielen
Schreiben			
richtig schreiben	Rechtschreiben	210–213	Wiederholung: Buchstaben und Laute
		214–219	Mitsprechwörter – Nachdenkwörter – Merkwörter
		240–243	Die Arbeitstechniken
	richtig abschreiben	220–221	Richtig abschreiben
		215, 216, 219	Mitsprechwörter – Nachdenkwörter – Merkwörter
Texte planen	planvoll schreiben	67, 69	An der Schule arbeiten
		196–197	Nachschlagen und üben
Texte schreiben	Gedichte und Parallelgedichte schreiben	57	Wo wir wohnen
		95	Was quiekt und kracht denn da?
		113	Die Welt der Bücher
		186, 187	Die Jahreszeiten in Gedichten
	eine Geschichte weiterschreiben	137	Gespenstergeschichten
	ein Märchen weiterschreiben	158–159	Einfach märchenhaft
	zu Bildern anschaulich schreiben	152–153	
	Gedichte vervollständigen	177	Gereimtes und Ungereimtes
		187	Die Jahreszeiten in Gedichten
	aus anderer Perspektive erzählen	136	Gespenstergeschichten
	Personen / Figuren beschreiben	174–175	Eine Geschichte von Nasrettin spielen
	Briefe schreiben	196–197	Nachschlagen und üben
	Steckbriefe schreiben	67, 69	An der Schule arbeiten
		79, 81	Einen Berufe-Steckbrief schreiben
		208–209	Tier-Steckbriefe schreiben
	Bilder beschreiben	100, 102, 110	Die Welt der Bücher
		164	Von Weisen und Spaßvögeln
	Anleitungen schreiben	93	Was quiekt und kracht denn da?
	die eigene Meinung schriftlich begründen	22–23	Meinungen äußern und begründen
		103, 105, 107, 111	Die Welt der Bücher

Das Buch wurde erarbeitet auf der Grundlage der Ausgabe von Renate Krull (Herausgeberin), Guido Becker, Werner Bentin, Ulrich Deters, Şule Ekemen, Martin Felber, Filiz Feustel, Dirk Hergesell, Rolf Kessler, Renate Krull, Jutta Neumann, Martina Panzer, Katrin Placzek, Gerda Steininger, Stephan Theuer

Projektleitung: Gabriele Biela
Redaktion: Sandy Leistner, Susanne Weidmann
Bildrecherche: Petra Ebert, Sabine Kaehne

Umschlaggestaltung: Cornelsen Schulverlage Design/Klein & Halm Grafikdesign, Berlin
Umschlagfoto: JUNOPHOTO, Berlin
Layout und technische Umsetzung: Klein & Halm Grafikdesign, Berlin

www.cornelsen.de

Allgemeiner Hinweis zu den in diesem Lehrwerk abgebildeten Personen:
Soweit in diesem Lehrwerk Personen fotografisch abgebildet sind und ihnen von der Redaktion fiktive Namen, Berufe, Dialoge und Ähnliches zugeordnet oder diese Personen in bestimmte Kontexte gesetzt werden, dienen diese Zuordnungen und Darstellungen ausschließlich der Veranschaulichung und dem besseren Verständnis des Inhalts.

Die Webseiten Dritter, deren Internetadressen in diesem Lehrwerk angegeben sind, wurden vor Drucklegung sorgfältig geprüft. Der Verlag übernimmt keine Gewähr für die Aktualität und den Inhalt dieser Seiten oder solcher, die mit ihnen verlinkt sind.

1. Auflage, 6. Druck 2022

Alle Drucke dieser Auflage sind inhaltlich unverändert und können im Unterricht nebeneinander verwendet werden.

Druck und Bindung: Livonia Print, Riga

ISBN 978-3-06-062939-8 (Schülerbuch)
ISBN 978-3-06-060582-8 (E-Book)

PEFC zertifiziert
Dieses Produkt stammt aus nachhaltig bewirtschafteten Wäldern und kontrollierten Quellen.
www.pefc.de
PEFC/12-31-006